| 이해와 터득 |
다른 영문법

신기명

서울대학교 사범대학 졸업
건국대학교 대학원 (교육학 석·박사)
한성대학교 겸임교수

저서
학습무기력 (배영사)
학습장애와 교육 (배영사)
교육심리학 (예지각)
심리학개론 (양서원)
학습장애 치료교육 (학지사)
기본동사만 꿰차도 영어는 된다 (종합출판|EnG)
데일리 실용 구동사 525 (종합출판|EnG)
구동사 딕셔너리 (종합출판|EnG)

이해와 터득 **다른 영문법**

발 행 일	2021년 1월 15일(초판 1쇄)
저　　자	신기명
발 행 인	문정구
발 행 처	종합출판ˈEnG
출판등록	1988. 6.17 제 9-175호
주　　소	04002 서울시 마포구 월드컵북로5길 65 주원빌딩 4층
홈페이지	www.jonghapbooks.com
전자메일	jonghap@jonghapbooks.com
대표전화	02-365-1246
팩　　스	02-365-1248

ISBN 978-89-8099-734-3 (13740)

이 도서의 국립중앙도서관 출판시도서목록(CIP)은 서지정보유통지원시스템
홈페이지(http://seoji.nl.go.kr)와 국가자료공동목록시스템(http://www.nl.go.kr/kolisnet)에서
이용하실 수 있습니다.(CIP제어번호: CIP2020053120)

※ 낙장 및 파본은 바꾸어 드립니다.

|이해와 터득|
다른 영문법

신기명 교수 저

Jonghap Books

| 이해와 터득 |
다른 **영문법** 이란 어떤 책인가?

1 이 책 전체 개별적인 영문법마다의 내용별 핵심 포인트 제시 — 매 chapter별로 각각의 잘못 알고 있던 내용들과 꼭 필요한 문법사항의 핵심적인 포인트를 간결하면서도 상세하게 설명하여 학습자들이 쉽게 이해할 수 있도록 구성했다.

2 일부 교육심리학을 접목한 영문법 — 기존의 영문법 책들과는 달리, 영문법 기본 개념의 공통점과 차이점을 분석적이고 통합적으로 제시했으며 각 chapter마다 교육심리학 이론들을 실제로 접목하여 그에 따른 학습방법을 응용, 교육 효과를 극대화하여 만족도를 높이도록 했다.

3 한 단어가 갖는 다양한 쓰임 제시 — 영어는 한 단어가 문장 속에서 쓰이는 방법에 따라 다양한 뜻으로 해석됨은 물론 심지어 품사조차도 다르게 쓰여 혼란스런 경우가 많으므로, 다양한 예문을 통해 한 단어의 쓰임을 구조와 기능으로 분류함으로써 이에 대한 확실한 구분법을 제시했다.

4 영문법 공부에 확실한 도움을 주는 간략하게 정리된 한국어 문법 제시 — 영문법을 공부하는 데 한국어 문법이 어떤 필요가 있을까? 라고 의아하게 생각할 수 있지만, 한국어문법의 가장 간단하고 단순한 이론을 응용, 영문법 공부에 활용할 수 있도록 했다.

5 학습자의 보편적 고민거리 해결 — 기존의 항목별, 품사별로 서술된 문법책들과는 달리 학습자가 영문법을 공부할 때 생길 수 있는 고민거리를 문제별로 기술하여 해결방안을 제시했다.

6 영문법 이해를 돕기 위한 도표 활용 – 독해에서 흔히 등장하지만 문법 설명이 빈약한 특수구문을 추가하였고, 관계사·접속사·감탄사를 이해하기 쉽도록 도표화해서 규칙동사와 불규칙동사의 활용표와 함께 부록으로 추가했다.

7 동사 관련 영문법의 철저한 분석 및 설명 – 영어 문장을 구성하는 핵심중의 핵심인 동사를 아주 쉬운 예문을 통해 더욱 철저하게 분석, 설명하여 영어를 깊이 있게 이해하려는 학습자는 물론 한편, 영문법을 처음 공부하는 독자들조차도 부담 없이 조금씩 이해해 나갈 수 있도록 구성했다.

8 모든 학습자에게 적합하고 엄선된 예문 – 예문은 처음 접하는 독자들에게 비교적 영어가 어려운 언어가 아니라는 것을 느끼도록 하고, 어느 정도 알고 있는 독자들에게는 영문법이 암기용 단편지식이 아닌 체계적으로 쉽게 이해되도록 배려했다.

9 중간중간 교양서처럼 읽는 영문법 – 이 책의 저자는 사회, 문화, 과학 관련 내용들을 적절하게 섞어 쉽게 읽을 수 있는 교양서처럼 일부 구성했으며, 예문은 회화에 응용할 수 있도록 가급적 가벼우면서도 때때로 교육적인 측면으로 다뤘다. 또한, 〈부록〉에는 동사활용과 영어를 이해하는 데 도움이 되도록 영어발달과정과 현대영어의 특징을 다뤘다.

Contents

Prologue :

Ch. 1 영어와 우리글의 성격 – 영문법은 구구단과 같다. · · · · · · 16

Ch. 2 영어동사의 형식 · · · · · · · · · · · · · · 26
    1형식 – 완전자동사 (Complete intransitive verb) · · · · · · · 27
    2형식 – 불완전자동사 (Incomplete intransitive verb) · · · · · · 30
    3형식 – 완전타동사 (Complete transitive verb) · · · · · · · · 35
    4형식 – 여격(수여)동사 (Dative verb) · · · · · · · · · · · 39
    5형식 – 불완전타동사 (Incomplete transitive verb) · · · · · · · 42

Ch. 3 준동사와『전치사 + 명사 = 구』 · · · · · · 46
  A. 준동사 · · · · · · · · · · · · · · · · · · 47
    1. 부정사 (Infinitive) · · · · · · · · · · · · · · 47
      – 원형부정사 (Root Infinitive 또는 Bare Infinitive) – do · · · · 48
      – to 부정사 – to do · · · · · · · · · · · · · · 49
      – 독립부정사 · · · · · · · · · · · · · · · · · 55
      – to 부정사의 의미상 주어 · · · · · · · · · · · · 55
      – 부정사의 태와 시제 · · · · · · · · · · · · · · 58
    2. 분사 (Participle) · · · · · · · · · · · · · · 59
      – 분사의 특징 · · · · · · · · · · · · · · · · 59
      – 분사구문 (Participial Construction) · · · · · · · · · 61
      – 과거분사의 용법 · · · · · · · · · · · · · · · 66
    3. 동명사 (Gerund) · · · · · · · · · · · · · · · 68
      – 동명사의 용법 · · · · · · · · · · · · · · · · 68
      – 동명사와 to 부정사의 목적어 비교 · · · · · · · · · 71

  B. 구 · 74
    1. 구 종류 · · · · · · · · · · · · · · · · · · 74
    2. 그 외의 전명구 사용법 · · · · · · · · · · · · · 75

Ch. 4 전치사 (Preposition) · 78
1. 전치사의 성격과 기능 · 80
2. 전치사의 종류 · 87
3. 전치사와 겹치는 다른 품사들 · 88
4. 전치사의 쓰임 · 91
5. 전치사·부사의 아름다움 · 92

Ch. 5 접속사 (Conjunction) · 94
A. 접속사 · 94
   1. 등위접속사 · 95
   2. 종속접속사 · 98

Ch. 6 형용사와 부사 (Adjective & Adverb) · 112
A. 형용사 · 112
B. 부사 · 120
   1. 부사의 종류 · 121
   2. 부사의 위치 · 127

Ch. 7 관계사와 의문사 (Relatives & Interrogatives) · 136
A. 관계사 · 137
   1. 관계대명사 (Relative Pronoun) · 137
   2. 관계형용사 (Relative Adjective) · 147
   3. 관계부사 (Relative Adverb) · 148
   4. 유사관계대명사 (Pseudo-Relative Pronoun) · 153
   5. 복합관계사 (Compound Relatives) · 156
B. 의문사 · 162
   1. 직접의문문 · 162
   2. 간접의문문 · 166
   3. 그 외 의문문의 종류 · 167

Ch. 8 시제 (Tense) · 168
1. 기본시제 (Basic Tenses) · 169
2. 완료시제 (Perfect Tenses) · 180
3. 진행시제 (Progressive Tenses) · 184

Ch. 9 법 (Mood) · 188
1. 직설법 (Indicative Mood) · 188
2. 명령법 (Imperative Mood) · 189
3. 가정법 (Subjunctive Mood) · 190

Ch. 10 특수구문 (Special Constructions) · 198
1. 도치 (Inversion) · 198
2. 강조 (Emphasis) · 200
3. 생략 (Ellipsis) · 201
4. 삽입 (Parenthesis) · 203
5. 동격 (Apposition) · 205
6. 공통 (Common Relation) · 206
7. 수의 일치 (Number agreement) · 208
8. 부정 (Negation) · 210
9. 무생물주어 구문 (=물주구문) · 214

〈참고〉 영문법 학자[Onions, Hornby, Quirk]에 따른 영어 동사의 구조 비교 · 219

〈부록〉 1 영어는 어떤 언어인가? (영어의 발달과정) · 237

〈부록〉 2 영어 학습에 도움이 되었던 교육이론들 · 243

Epilogue : · 252

Prologue :

지금 우리는 단기간 효과를 극대화 시키는 데 지나치게 치중하여 개성을 무시한 채, 마스게임 같은 단순암기식 산업시대의 교육방법에서 벗어난 시대에 임해 있고, 암기는 인간보다 AI가 더 잘하는 시대에 살고 있다. 따라서 영문법도 단순 암기를 강조하는 기계적 학습방법에서 벗어나 개념을 이해하는 학습법으로 탈바꿈해야 한다.

    교육심리학을 전공한 필자는 대학에서 강의를 하면서 교육심리학 이론들을 실제 교과목에 응용하고 싶었다. 교육심리학(Educational Psychology)이란 인간의 심리적 특성과 행동을 과학적으로 분석하고 이 분석을 바탕으로 인간의 심리적 특성과 행동들을 긍정적인 방향으로 변화시키는 데 도움을 주는 방법론적 학문이다. 즉, 학습자의 연령과 능력 수준에 따른 특성을 파악해 그에 따른 학습방법을 선택하고 교육의 효과를 극대화하여 만족도를 높이는 학문이다. 이 책은 교육심리학에 근거한 학습이론들을 영어에 접목시켜 우수한 성과를 올린 경험을 토대로 썼다.

    그 경험은 필자의 수업을 듣는 영문과 3학년 학생들 7명을 모아 study group을 만들면서 시작되었다. 그들은 교직을 이수하고 교사가 되기를 원하는 학생들이거나 또는 TOEIC 시험을 준비하는 학생들이었다. 이어서 석/박사 시험을 준비하는 학생들과도 영어독해 study를 했다. 그런 식으로 공부하는 도중에 그들에게서 몇 가지 공통적인, 이상한 문제점들을 발견했다. 그 학생들은 영어단어는 상당히 많이 암기하고 있었으나 영어의 동사 구조에 대해선 익숙하지 않았고 따라서 영어 동사 구조를 활용하는 방법도 서툴렀다. 문법을 개별 사항으로는 이해하고 있었으나 문장 속에서는 거의 응용하지 못했고, 명사들만 엮어서 독해를 했다. 또한 전치사 하나가 문장 전체의 의미를 바꿀 수 있다는 사실을 몰랐다. 가정법을 직설법으로 해석하면 상상하는 문장이 사실화된다는 것도 몰랐다. 프로이드(S. Freud)의 정신 분석학 이론을 비판한 행동주의 학자의 글을 명사만 대충 보고 자기가 아는 정신분석학 개론서의 수준으로 엉뚱하게 해석하는 경우도 있었다. 이들은 자신들의 독해 수준에 놀라 시험을 한 학기 늦추었다. 이들은 중/고등학교, 수능시험, 대학에서 교양영어까지 10여년 영어 공부를 한 학생들이었다.

이런 문제는 비단 대학생들에게만 국한된 것은 아니었다. 중학생들이나, 수능 입시를 앞둔 고등학생들 역시 거의 같은 고민을 하고 있었다. 그런데 놀랍게도 지문 독해가 불가능해도 정답은 맞추는 학생들이 있었다. 이들의 공통점은 영어문법 개념을 이해하지 않고 무조건 암기한다는 것이다. 우리나라 사람들은 머리가 좋아 암기를 잘한다.

위와 같은 연구를 통해 밝혀진 구체적인 문제점들을 살펴보면 다음과 같다.

첫째, 단어는 많이 알고 있지만 주로 명사 중심의 암기이고, 독해에서 문장이 길어지거나 〈전+명구〉가 형용사나 부사 역할을 할 때 내용이 부드럽게 해석이 되지 않으면 전치사를 무시하고 명사만 연결해 매끄럽게 말을 만들어 문장을 이해하고 있다는 것이다. 영어는 동사 역할이 큰 언어이다. 각각의 동사는 형식이라는 독특한 틀을 가지고 있을 뿐만 아니라 한 개의 동사가 여러 가지의 형식과 각기 다른 뜻을 가지고 있다. 또 동사가 형태를 달리해서 〈to do, doing〉이 되면 명사·형용사·부사의 역할을 하면서도 그 동사의 형식은 그대로 유지하는 특성이 있다는 사실에 어두웠다.

둘째, 영어 동사들이 자동사·타동사로 쓰일 때 그 둘의 구별을 어려워했고 대충 기본적인 뜻으로만 이해하려 했다. 동사 drive를 예로 들어 보자.

drive

자동사 – ① (~ / + 전 + 명) 차를 몰다, 운전하다, 차로 가다
He drives to work with me. (그는 나와 동승해서 직장에 간다.)

② (+ 전 + 명)(차·배 따위가) 질주[돌진]하다, 격돌하다, (구름이) 날아가다
The clouds drove before the wind. (바람에 날려 구름이 흘러갔다.)

타동사 – ③ (~ + 목 / + 목 + 전 + 명 / + 목 + 보)(소·말 등을) 몰다, 쫓다
He drove cattle to pasture. (그는 소를 목초지로 몰아넣었다.)

④ (~ + 목 / + 목 + 전 + 명 / + 목 + 부)(적 따위를) 쫓아버리다, 물리치다
The wind drives clouds. (바람이 구름을 날려버린다.)

⑤ (+ 목)(마차·자동차를) 몰다, 운전(조종)하다

He <u>drives</u> a taxi. (그는 택시를 몬다.)

⑥ (+ 목 + 보 / + 목 + 전 + 명 / + 목 + to do) (아무를) ~ 한 상태로 만들다,
무리하게 ~ 시키다

The pain nearly <u>drove</u> her mad. (고통으로 그녀는 미칠 것 같았다.)
 * 자동사·타동사 관계없이 '운전하다'의 의미 중심으로 단어를 암기한다.

  셋째, 영어의 기본 동사(중학교 1·2·3학년 교과서에 나오며 회화에 중심이 되는 동사)가 150여개 정도인데 그 동사들의 활용에 약했다. 영어는 우리나라 말과 다르게 한 개의 동사가 동사 뒤에 오는 특정 품사에 따라 여러 가지의 형식을 가지고 있어 동사 꼴은 같아도 형식이 틀리면 뜻이 달라진다는 간단한 사실에 어두웠다.

  예를 들어, 우리말의 '먹다'라는 동사는 약간 응용되긴 하지만, '~를 먹다'라는 타동사로 한정되어 쓰이는 데 반해 영어의 'have'는 물건이 목적어로 오면 '가지다', 음식이 목적어로 오면 '먹다'가 되고 5형식 문장으로 〈have + 목적어 + do〉가 오면 '시키다'가 된다. 또 흔히 'go'는 '가다'로 알고 있어 I can't go his preaching.(3형식)(나는 그의 설교를 참을 수 없다)를 '나는 그의 설교를 들으러 갈 수가 없다'로 엉뚱하게 해석했다. 타동사인 '참다'를 자기가 아는 자동사 '가다'로만 해석한 것이다. 누구나 흔히 아는 'go'가 사전에 25개 정도의 다른 뜻으로 사용되는 것에 대해 생각하는 학생은 거의 없었다. Your shoes came untied.(너의 신발 끈이 풀렸다)는 'come + 보어'(untied는 과거분사로 형용사임) 구문에서 보어를 부사로 보고 '신발 끈이 풀어진 채로 왔다'로 해석하고 come을 '오다'로만 해석을 했다. 참고로 'come + 보어'(형용사, 과거분사)는 2형식으로 보어는 주어의 상태를 설명하고 있어 come은 거의 be동사와 유사함을 알 수 있다.

  넷째, 준동사(to do, doing)를 어려워했다. 특히 doing에서 형용사와 부사구별을 어려워했다.

  다섯째, 시제를 우리의 과거·현재·미래의 기준으로 시간 흐름 개념으로만 이해하고 있어 어려움을 겪고 있었다. 현재완료에는 4가지가 있다는 것을 알면서도 문장에서

응용을 잘 못했다.

　여섯째, 영어의 가정법문장을 이해하는 데 어려움을 겪고 있었다. 가정법은 사실이 아닌 허구이거나, 상상이거나, 사실의 반대여서 일반 시제를 안 쓰고 별도의 시제를 쓴다는 사실이 이해하기 어려운 것 같았다.

　일곱째, 전치사는 우리글의 조사쯤으로 단순하게 생각하고 왜 for가 뜻이 20개가 넘고, of가 뜻이 10개가 넘는지 의문을 갖는 학생도 없었다. 게다가 전치사 용법에 대해 깊이 생각하는 학생도 없었다. 전치사 for는 용법에 따라 '이익, 방향, 대용, 목적, 취득, 이유, 찬성, 시간, 거리, 비율' 등 그 의미가 다양하다는 사실에 어두웠다. with에는 '동반'의 의미도 있으나 '분리'의 의미도 있어 자칫하면 반대로 해석할 수도 있다. 전치사는 마치 암호와 같아서 특별히 주의를 기울여야 한다. 이런 전치사가 독자적으로 쓰이지 못하면서 명사와 연결되어 구를 만들고, 명사ㆍ형용사ㆍ부사의 다양한 역할을 하기도 하고 동일한 한 단어가 경우에 따라 전치사/부사로 쓰이기도 하며(예 : down, on, off, up 등) 심지어, 접속사로 쓰이는 경우도 있다. (예 : after, as, before, like 등) 그래서 구별하기 좋게 도표를 첨부해 두었다. 게다가 이런 전치사가 동사와 연결되어 구동사가 되면 전혀 엉뚱한 의미가 된다.

　예를 들면, 다음과 같은 표현들이 있다.

　　　go on(continue) – 일ㆍ태도ㆍ행동을 계속하다
　　　call off(cancel) – 취소하다
　　　set up(schedule) – 계획세우다, 예정하다
　　　hammer out(negotiate) – 흥정하다

　한 단어에 익숙한 우리에게는 전치사가 상대적으로 쉬운 기본 동사와 연결되었음에도 생소하게 느껴지는 것이다. 한 개의 구동사가 문맥에 따라 여러 개의 의미를 갖기도 하며 이런 추세는 지속적으로 늘어나는 상황이라 전치사 및 부사를 상세히 설명했다.

　여덟째, 의문사(직접의문문ㆍ간접의문문)와 관계사를 혼동하기도 했다.
　Wh~.(의문사ㆍ관계사)는 감탄사ㆍ접속사 구실도 한다. 이들 관계를 한 눈에 파악

하도록 도표화했다.

마지막으로 머릿속에서는 영어문법을 인지하고 있었음에도 불구하고 제대로 활용을 못하고 있었다. (그런 부분을 지적당하면 '아! 그렇군요' 하면서 응답했다.) 이렇게 알고 있는 지식을 활용 못하는 근본적인 이유는 무엇일까?

이 외에도 많은 문제점들이 있었다. 어린 학생들에겐 복잡한 용어가 넘쳐나는 영문법 그 자체도 생소한데 'to do, to 부정사, ~ ing 형태, 동명사, 제한적용법, 한정적용법'등의 통일 되지 않은 용어도 혼란스러워 했다. '동명사, 관계사, 선행사' 등의 한자(漢字)뜻만 알았어도 이해하기 쉬웠을 텐데…. 더구나 관계사로 쓰이는 'who, which, what' 등은 동일한 단어가 관계사로도 쓰이고, 의문사로도 쓰이고, 또한 제한적인 용법에서는 해석도 하지 않는데 엄연히 주어 자리에 있으니 주어 동사 소리만 들어오던 어린 학생들은 당황했다.

정말 콜럼버스가 달걀을 깨서 세우는 걸 보기 전 상황 같았다. 알고 나면 아무것도 아닌데 정확한 첫 단계 입력이 그만큼 중요하다는 것을 절감할 수 있었다. 그래서 기능이 같은 준동사 〈to do, doing, 전+명구〉를 한 데 묶어 한 chapter로 설명을 했고, Wh.절을 기능에 따라 '관계사, 의문사(직접의문문, 간접의문문)'로, 접속사를 한 chapter로 따로 분류해서 구조와 기능을 동시에 설명했고, 공통점과 차이점을 설명하니 이해하는 데 확실히 도움이 되었다. "선행학습이 후행학습을 좌우한다. 선행학습이 잘못되면 이어지는 후행학습에 문제가 생긴다."는 개념은 교육학에서는 불문율처럼 여겨지는데, 그 실험을 하는 내내 확연하게 느낄 수 있었다.

위에 언급한 '구조와 기능'의 설명을 예로 들면 다음과 같다.

접속사 if의 구조와 기능 - 조건 부사절, 명사절, 가정법 문장의 종속절 접속사로 쓰임.

1. 조건 부사절 - 현재가 미래를 나타낼 때

    If 주어 + 현재동사, 주어 + 미래 동사

    If it rains tomorrow, we will have to call the picnic off.
       주어 현재동사   주어   미래 동사
    (내일 비가 온다면 우리는 소풍을 중지해야만 될 것이다.)

2. 타동사의 목적어(명사절)

ask, believe, guess, tell, think, wonder 등의 목적절로

I <u>wonder</u> <u>if it's big enough.</u> (그것이 충분하게 큰지 궁금하다.)
            목적어(명사절)

3. 가정법(가정절)

If 주어 + 과거형 동사, 주어 + would/could/might + 본동사

If you <u>were looking after</u> yourself properly, <u>you wouldn't</u> catch cold so often. 사실은 현재진행인데 과거진행 시제를 썼음.
(네가 적절히 자신을 돌보고 있다면 그렇게 자주 감기에 걸리지 않을 것을.)
* 사실과 반대로 몸을 적절히 돌보지 않아서 감기에 걸렸다.

위와 같이 if 접속사의 세 가지 용법을 구조와 함께 예문을 들어 비교 설명을 하니 학생들은 개별 사항으로 따로따로 설명을 들을 때 보다 이해를 더 쉽게 했고, 자신감도 생겨 동기유발의 효과도 높아졌다.

본 문법책은 위와 같은 사실을 근거로, 기존의 일반적인 영문법책들과는 달리, 영문법 기본 개념의 공통점과 차이점을 분석적이고 통합적으로 제시했으며 영어 단어의 쓰임을 구조와 기능으로 분류해 상세히 설명하는 구성으로 썼다. 그래서 위에 열거한 문제점들을 해결하는 데 도움이 되도록 기존의 항목별, 품사별로 서술된 문법책들과는 달리 우리나라 학습자들이 영문법을 공부할 때 생길 수 있는 보편적인 고민거리를 문제별로 기술했다. 또한, 영어와 다른 언어와의 차이점을 인식시키고자 영어 발달사에 대한 내용을 부록에 포함시켰다.(실제로 영어 발달사에 대한 설명을 들은 학생들은 영어 문법에 대한 이해도가 높아졌다. 영어가 1000여년을 거쳐 엄격히 정련된 언어임을 이해하면 문법 설명이 훨씬 쉬워진다.)

또한 영어에 대한 이해를 돕기 위해 한글과 영어의 차이점을 몇 가지 추가했고, 동사 형식에 대한 설명은 C.T. Onions, A.S. Hornby, J.R. Quirk의 이론에 근거했다. 그리고 영어 독해에서 흔히 등장하지만 문법 설명이 빈약한 특수구문을 추가했다. 관계사와 의문사를 한 데 묶어 차이점을 뚜렷하게 부각시켰다. 관계사 · 접속사 · 감탄사를 이해하기 쉽도록 도표화해서 규칙동사와 불규칙동사의 활용표와 함께 부록으로 추

가했다.

 필자는 학생들이 효과적으로 학습효과를 얻도록 지도하기 위해서 늘 '무엇을? 왜 모르지? 그러면 어떻게 이해시키지?' 등을 고민해왔다. 그런 가운데 그 해결 방법의 시작은 〈동사〉라고 생각했다. 본 책의 동사 관련 설명에는 형식은 물론 시제, 가정법, 수동태·능동태, 단문·복문, 화법, 준동사 등 문법의 절반 이상의 핵심이 들어있다.

 끝으로 영문법을 학문적인 측면에서 접근하여 체계적으로 쓴 책은 많이 있다. 그러나 본 책의 저자는 사회, 문화, 과학 관련 내용들을 적절하게 섞어 쉽게 읽을 수 있는 교양서로 쓰려고 노력했으며, 예문은 회화에 응용할 수 있도록 가급적 쉽고, 유쾌하고 교육적인 것으로 선택했다. 본 책을 진지한 자세로 탐구하는 모든 독자들에게 동사 등을 비롯한 중요한 문법이 많은 도움을 안겨드릴 거라 확신한다.

Chapter 1

영어와 우리글의 성격 — 영문법은 구구단과 같다.

　영어 학습자들에게 영어 공부하는 데 어려운 점이 무엇인가를 물어보면 모두가 거의 한결같이 '단어 암기가 어렵다'거나 '문법이해가 어렵다'고 한다. 첫째, 단어 문제는 어려운 것이 당연하다. 사전에서 영어 단어수를 살펴보면 옥스퍼드사전(Oxford Advanced Learner's Dictionary)(2005년판)에는 600,000 단어, 콜린스 코빌드(Collins COUBUILD English Dictionary for Advanced Learners)(1995년판)에는 약 400,000 단어, 롱맨사전(LONGMAN Advanced Contemporary English)(2005)에는 220,000 단어로, 심지어 맥밀란사전(Macmillan Dictionary for Students)(1983)에는 학생용인데도 100,000 단어 이상으로 구성되어있다. 우리 영한사전도 보통 100,000 단어 이상으로 되어 있다. 어떤 암기 천재라도 이 모든 단어를 암기하기에는 무리한 개수임에 틀림없다. 게다가 이 모든 단어들을 다 암기할 필요도 없다. 필요한 단어는 책으로 된 사전이나 인터넷 사전에서 언제나 손쉽게 검색할 수 있다. 이제는 스마트폰에서 번역까지도 가능하다. 우리나라 초·중·고 과정에서 가장 많이 사용되는 영어 교과서에 실린 필수 영어단어는 초등 필수 800단어, 중등 필수 2200 단어, 고등 필수 약 4,000 단어로 되어 있다. 물론 이러한 필수 영어 단어만 알아서는 고 3 수능 영어시험을 풀기에는 절대적으로 부족하다. 하지만 진짜 문제는 암기하고 있는 단어의 개수라기보다는 그 내용을 제대로 아는 것이 문제다.

　예를 들어
「face」의 뜻이 「얼굴」인 것은 누구나 알지만 처음에 「얼굴」로만 암기하면 자동사·타동사가 있을 것이라고는 생각도 못해 동사로 쓰이면 당황한다. 영어 단어는 동일한 한 단어가 다양한 품사로 쓰인다는 사실을 잊지 말아야 한다.

face

명사 | 얼굴
He is going red in the face and breathing with difficulty.
(그는 얼굴이 붉어지면서 힘겹게 숨을 쉬는 중이다.)
* face가 명사일 때 「얼굴」 외에도 「표면」, (시계, 화폐의) 「겉면, 문자판」 「외관」 「액면」 등이 있다.

자동사 | 향하다 [+ 부 / + 전 + 명]
His house faces to the south.
(그의 집은 남쪽으로 향하고 있다.)

타동사 | ~ 을 향하다, 면을 반반하게 하다 [+ 목 + 전 + 명]
The wall is faced with tiles.
　　　　　　전　　명
(그 벽은 타일로 반반하게 되었다.)

home

명사 | 집, 가정, 생가, 고향, 본국, 원산지, 서식지, 골, 결승점, (야구)본루
They stayed at home and watched TV last night.
(지난 밤 그들은 집에서 TV를 보았다.)
* home은 전치사 at의 목적어로 명사임.

형용사 | 가정(용)의, 제집(자택)의, 고향의, 본국의, 자국의, 급소를 찌르는, (야구)생환의
All you have to do is make a home DVD.
(너는 가정용 DVD를 만들기만 하면 된다.)
* 명사 DVD를 수식하는 형용사임.

부사 | 자기 집으로(에), 자택으로, 자국으로, 생환(본루)의
I'll telephone you as I get home.
(집에 도착해서 너에게 전화 할게.)
* get이 자동사이므로 home은 부사임.

자동사 집으로 돌아오다, 집·근거지를 마련하다,
(미사일·항공기 따위가 자동 장치로) 목표를 향하다
He is <u>homing</u> from abroad. (그는 귀국하는 도중이다.)
* is homing은 진행형이며 뒤에 전치사 from이 있어 자동사임.

구동사 목표를 향해 곧장 나아가다
The missile <u>homed in on</u> the target.
(미사일은 목표를 향해 곧장 나아갔다.)
* home in on이 연결되는 구동사임.

우리는 어떤 home을 알고 있는 것일까? 품사와 관계없이 그냥 「집으로」의 뜻으로만 아는 것은 아닐까?

우리나라말은 특별한 경우를 제외하고 한 단어가 한 품사로만 쓰이는데 영어는 많은 경우 한 단어가 여러 가지의 품사로 쓰인다. 심지어, 한 단어가 명사·형용사·동사로 쓰이는 경우도 있다. 한 단어에 3개의 품사 뜻만 알아도 중·고교 교과서에 나오는 기본 단어 2000여개를 더욱 폭넓게 활용할 수 있을 것이다. 즉, 한 단어를 한 품사의 의미로만 암기하는 태도는 버려야 한다. 처음 문자로 영어공부를 하기 시작하는 초기 단계부터 쉬운 단어의 활용법을 여러 출처를 통해 찾아보고 익히면 영어의 또 다른 면을 스스로 발견하게 되고 흥미롭게 단어 공부를 하는 데 많은 도움이 될 것이다.

한 단어에 여러 품사가 있는 것은 기본 단어가 거의 모두 그러하다.

aim – 명사, 자동사, 타동사   back – 명사, 형용사, 부사, 자동사, 타동사
book – 명사, 자동사, 타동사   brown – 명사, 형용사, 타동사
cloud – 명사, 자동사, 타동사

cloud

자동사 (날씨) 흐려지다, 구름이 끼다
It's beginning to <u>cloud</u> over. (하늘이 <u>흐려지기</u> 시작한다.)
* 부정사 to 뒤에 동사로 왔고 그 뒤에는 부사 over가 있어 자동사임.

타동사	구름으로 덮다, 흐리게 하다,

Nothing could <u>cloud</u> her happiness.

(그녀의 행복을 <u>흐리게</u> 하는 것은 아무것도 없다.)

* 조동사 could 뒤에 오고 her happiness 목적어 앞에 와서 타동사임.

go

명사	진행, 푸른 신호, 생기, 성공

He's got plenty of <u>go</u>, and is sure to do well in his job.

(그는 상당한 <u>성공</u>을 거두고 직무 수행을 잘 할 것이 확실해.)

* of 전치사의 목적어로 명사임.

형용사	준비가 되어, 순조롭게, 작용(작동)되어

All systems are <u>go</u>.

((로켓 발사 따위에서) 모든 장치 이상 없음.(=<u>준비</u> 끝))

* are의 보어로 형용사임.

자동사	[+ 부 / + 전 + 명] (어떤 장소·방향으로) 가다

He went <u>abroad</u> for further study.

(그는 더 많은 공부를 위해 외국으로 <u>갔다</u>.)

* go 뒤에 부사가 와서 자동사임.

타동사	[+ 목 / + 목 + 목 / + 목 + 전 + 명] (돈 등을) 걸다

He'll go <u>2 dollars</u> on <u>number</u> seven.

(그는 7번에 2달러를 <u>걸</u> 거다.)

* 2dollars를 목적어로 갖는 타동사임.

like

명사	취미, 기호, 기호품

Most of the cash was spent on old chains, bracelets and the <u>like</u>.

(대부분의 현금은 금 목걸이, 팔찌, 다른 <u>기호품</u>에 소비되었다.)

* the(관사) 뒤에 옴으로 명사임.

형용사	(종종 목적어를 수반하여 전치사로 볼 때도 있음) 같은, 닮은, 비슷한 The brothers are as like as two peas. (두 형제는 꼭 닮았어.) * are의 보어로 형용사임.
부사	이를테면, ~ 같아 He looked angry like. (그는 좀 화가 난 듯했어.) * 형용사 뒤에 부사로 왔음.
전치사	~ 같이, ~ 처럼 It fits him like a glove. (그것은 그에게 장갑처럼 꼭 맞는다.) * like + 명사로 전치사임.
접속사	~ 하는 듯이, 마치 ~ 처럼 I can't do it like you do. (나는 네가 하는 것처럼 그것을 할 수 없어.) * like 뒤에 주어 + 동사의 문장이 와서 접속사임.
자동사	마음에 들다, 마음에 내키다 You may do as you like. (네가 마음에 드는 대로 해도 좋아.) * like앞에 you 주어가 있어 동사임.
타동사	[+ 목 / + 목 + (to be)보] 좋아하다, 마음에 들다 [+ to do / + 목 + to do / + ~ing / + 목 + ~ing] ~하는 것이 좋다 She likes apples very much. (그녀는 사과를 매우 좋아한다.) I like my coffee hot. (나는 커피가 뜨거운 것이 좋다.) Would you like us to help? (우리가 도와주면 좋으니?) I like to enjoy Sunday evenings, but I don't like staying up late. (일요일 밤을 즐기는 것은 좋아하지만, 늦게까지 노는 것은 싫다.) * '좋아하다' 뜻의 동사 형식이 여러 가지다.

주의) 단어를 찾을 때에는 반드시 [ ]안의 설명을 잘 보고 특히 동사를 찾을 때는 [+보], [+부], [+목+전+명], [+목+who절], [+목+보] 등의 설명을 잘 보고 동사의 활용을 익혀야 한다.

ask

자동사   [동 / + 전 + 명] 묻다, 질문하다, 부탁하다, 원하다, 구하다
He asked for some help. (그는 도움을 청했다.)
* 목적어를 갖지 않는 자동사임.
You will get nothing without asking.
(잠자코 있으면 아무것도 얻지 못한다.)
* 자동사로 동명사가 되었음.

타동사   [+ 목, + 목 + 목, + 목 + 전 + 명, + 목 + wh.절, + wh절, + 목 + who to do, wh. + to do] 묻다, 물어보다
He asks the way. (그는 길을 묻는다.)
I asked him a question. (나는 그에게 질문을 했다.)
I asked him about his job. (그에게 그의 일에 대해 물었다.)
I asked him where he had been. (어디 갔다 왔느냐고 그에게 물었다.)
Ask him how to do it. (그것을 어떻게 하면 되느냐고 그에게 물어봐.)
Ask where to go. (어디로 가야할 지 물어봐.)

지금까지 제시한 이러한 동사들의 다양한 품사로의 쓰임을 제대로 활용하지 못하면 회화나 독해나 영작을 하기 어렵다. 뿐만 아니라 대부분의 사전에서 영어 단어의 난이도나 빈도가 표시 되어있어 많은 정보를 제공한다. 사회가 복잡해지고 다양해지면서 새로운 단어가 매일 쏟아져 나오고 있고 명사/ 형용사/부사가 동사로 쓰이는 경우가 많아져서 동사에 특별한 주의를 할 필요가 있다.

garbage

명사(쓰레기, 음식 찌꺼기)가 동사(재활용하지 않고 폐기처분하다)로 쓰임.
We can't recycle the carbon paper, should we just garbage it?
(카본 종이(묵지)는 재활용할 수가 없어 그것을 그저 폐기처분해야만 하나?)

yes

부사(네 그렇습니다)가 동사(네 라고 대답하다)로 쓰임.

> Jennifer has <u>yessed</u> a marriage proposal by Tate according to the Star. (스타지에 의하면 제니퍼는 테이트의 청혼을 승낙했다.)

이제 영어 문법이 어렵다는 문제를 한 번 살펴보자. 우리글의 발달은 세종대왕이 1449년에 한글제정을 공표 하면서 시작되었다고 볼 수 있다. 그 한글의 과학성에 대해서는 늘 놀라움을 금치 못한다. 자음 14개와 모음 10개로 이 세상의 모든 발음을 거의 표기할 수 있다. 더욱이 손바닥만 한 스마트폰에서는 모음 3개 ㅡ, ·, ㅣ(천지인)와 자음 14개 ㄱㅋ, ㄴㄹ, ㄷㅌ, ㅂㅍ, ㅅㅎ, ㅈㅊ, ㅇㅁ로 모든 소리나는 낱말을 표기할 수 있다니 얼마나 놀라운가! 하지만, 문법과 관련해서는 영어가 문법이 생긴 지 거의 1000년이 넘었으나 우리 문법은 19세기에 들어와서야 주시경, 유길준, 김규식 선생들이 만들기 시작했다.

주시경 선생(1876~1914)은 「독립신문」을 교정볼 때 규칙이 없고 소리 나는 대로 작성되고 띄어쓰기가 없어 몹시 혼란스러워 했다. 그래서 개화파들과 뜻을 같이 하면서 한국어 문법의 체계를 세우기 시작했다. 유길준 선생(1856~1914)은 「대한문전」을 출간하고 규범적인 문법을 만들어야 한다고 다음과 같이 강조했다. 『생각을 명쾌하게 표현하고자 할 때에는 고유하고 일정한 규범을 지켜 법칙을 따라야한다. 만약 그 규범과 법칙에 미치지 못할 때에는 입에서 나오는 소리가 있어도 말이 되지 못하고 손으로 쓰는 글자가 있어도 글을 이루지 못하기 때문에 듣는 사람과 보는 사람이 잘 해석하지 못할 것이다. (최정봉)』

위의 내용들을 보아 우리 문법의 필요성과 핵심을 이해할 수 있다.

뒤를 이어 김규식 선생(1881~1950)의 「대한문법」, 최현배 선생(1894~1970)의 「한글 맞춤법 통일안」과 우리말 교과서인 「우리말본」이 출간 되고, 정인승 선생(1897~1986)은 1차 교육과정에 따라 「중등학교 국어」와 「표준중등말본」이 검인정 교과서로 인정받았다. 「표준중등말본」에서 말본의 의미와 품사 정리가 이루어지고 「큰 사전」, 「새 한글사전」이 출판되면서 많은 학자들이 등장했다. 이러한 산고 끝에 태동한 한국어 문법의 특징은 조사(토씨), 어미변화, 맞춤법, 띄어쓰기가 핵심이 되었다.

이런 특징이 얼마나 중요한가를 예를 들면,

- **조사(토씨)** : 체언에 붙어 뒤에 오는 다른 단어에 대하여 문법적 관계를 표시하거나 특별한 의미 요소를 첨가하여 기능을 지닌 형태.

예) 나는 당신을 사랑해. = 당신을 나는 사랑해.
* 어순이 달라도 조사가 같아서 같은 의미이다.

I love you. (나는 당신을 사랑해.) ≠ You love me. (당신은 나를 사랑해.)
* 영어는 어순이 달라지면 의미가 전혀 달라진다.

예) 책 속에 『만, 도, 는』 길이 있다.
* 『만, 도, 는』이 모두 가능한 조사이지만 조사에 따라 문장의 의미가 상당히 달라진다.

예) 우리말은 동사, 명사, 대명사, 형용사, 부사, 전치사, 접속사가 어미에 의해 변화되면서 간단한 문장인데도 조사와 어미가 많다.
철수<u>가</u> 서울<u>에서</u> 잘 지내<u>더</u>냐?
내<u>가</u> 철수<u>를</u> 보<u>러</u> 서울<u>에</u> 갈 <u>것</u>야.

■ **어미** : 용언에 붙어 어미변화를 한다. 어미가 붙어서 품사를 바꾸기도 한다. 어미변화가 다양하다.

예) 그는 높<u>은</u> 뜻을 품고 있다. - 형용사가 관형어의 역할을 하는 관형형 어미
그것에 대해 말하<u>기</u>는 쉽다. - 동사의 역할을 해주는 명사형 어미
즐겁<u>게</u> 일하다. - 형용사가 부사의 역할을 해주는 부사형 어미

■ **맞춤법** : 우리글의 맞춤법은 매우 복잡하고 까다롭다. 소리글이면서도 소리 나는 대로 쓰지 않고 규칙에 따른다.

예) 막히다(마키다)   막아라(마가라)   닫는다(단는다)
국물(궁물)   독립(독닙 또는 동닙)   밥물(밤물)
밝은(발근)   삶은(살믄)   - ( )안은 발음 소리
깨끗이(<u>깨끗히</u>)   가만히(<u>가만이</u>)   나뭇잎(<u>나무잎</u>) - ( )안은 틀린 맞춤법

■ **존댓말** :

예) 잘 가. - 안녕히 가세요.   잘 자. - 안녕히 주무세요.
밥 먹어. - 진지 잡수세요.   밥 먹을래? - 진지 잡수시겠습니까?
* 명사까지도 존댓말이 있다.

■ 띄어쓰기 : 우리글의 생명은 띄어쓰기에 있다. 우리글은 띄어쓰기에 따라 의미가 달라진다.

    예) 아버지가방에들어가신다. - 아버지 가방에 들어가신다.
                         - 아버지가 방에 들어가신다.
      서울시 장애인 복지관 - 서울 시장 애인 복지관
      무지개 같은 사장님 - 무지 개 같은 사장님
      게임하는 데 자꾸만 져요 - 게임하는 데 자꾸 만져요 (출처: 네이버)
    * 이와 같은 예를 보면 띄어쓰기가 얼마나 중요한 지 알 수 있다.

우리말의 이러한 특징과는 다르게, 영어는 한 문장을 완성시키는 규칙에 중요성이 있다. 즉 대체적으로 주어 + 동사 + 보어/목적어 의 구조인 형식(=문형)에 핵심이 있다. 영어는 내용어(명사, 동사, 형용사, 부사)가 주가 되고 기능어(대명사, 관사, 조동사, 접속사, 전치사)가 부차적인데 우리말은 내용어·기능어가 모두 중요하다. 따라서 문장이 감성적이고 따뜻하다.

한글 문법에 영어 문법을 맞출 수가 없고 맞추어서도 안 된다. 주시경 선생도 논리적인 영어 5형식에 한글을 맞추려고 많은 고민을 하다 주어+동사+보어인 2형식 구조가 우리글과 맞지 않아 포기했다.(최경봉) 역사, 문화, 정서가 다른 언어를 똑 같은 틀에 맞출 수가 없다. 영어를 공부하려면 영어의 특성을 잘 이해할 필요가 있다. 영문법은 구구단과 같다. 처음에는 암기하기 어렵지만 규칙성을 이해하면 암기하기가 쉬워지고, 일단 한 번 암기하면 평생 동안 편히 이용할 수 있는 가능성이 생긴다.

Chapter 2
영어동사의 형식

1형식 – 완전자동사 (Complete intransitive verb)

구조 : 주어 + 동사(완전자동사)

특징 : ① 1형식은 주어의 존재, 주어의 단순 동작을 나타낸다.
② 완전자동사로 보어나 목적어가 없다.
③ 거리, 기간, 무게, 장소의 부사, 부사구, 부사절이 온다.
④ 가주어 / 진주어 같은 특이한 구조가 있다.

2형식 – 불완전 자동사 (Incomplete intransitive verb)

구조 : 주어 + 동사 + 주격보어

특징 : ① 2형식은 주어에 대한 규정, 정의를 의미한다.
② 주격보어에는 명사·대명사·형용사나 그 상당어구가 온다.(구체적으로 명사의 상당 어구는 to do, 동명사·명사절이며, 형용사의 상당 어구는 to do, 현재분사, 과거분사, 전명구 등이 있다.) 명사 보어는 주어와 항상 동일하며 가족관계나 직업을 설명하고 항상 주어와 명사 주격보어는 동격관계가 성립이 된다. 형용사보어는 주어를 수식하며 기분이나 상태·성질을 설명한다.
③ 2형식에는 가주어 / 진주어 구문이 있다.

3형식 – 완전타동사 (Complete transitive verb)

구조 : 주어 + 동사 + 목적어

특징 : ① 3형식은 주어와 목적어와의 관계를 설명하다.
② 타동사 뒤에 목적어가 온다.
③ 동사에 따라 목적어가 결정된다. 목적어에는 명사·대명사·to do·doing(동명사)·that절·wh절·wh + to do가 있다.

4형식 여격(수여)동사 (Dative verb)

구조 : 여격(수여)동사로 주어 + 동사 + 간접목적어 + 직접목적어

특징 : ① 목적어를 두 개 갖는 수여동사형
   ② 간접목적어는(~에게) / 직접목적어는(~을, 를)이 기본 꼴임.
   ③ 간접목적어 ≠ 직접목적어로 두 목적어의 성격이 전혀 다름.
   ④ 3형식으로 전환이 가능함.

5형식 – 불완전타동사 (Incomplete transitive verb)

구조 : 주어 + 동사 + 목적어 + 목적격보어(=목/보)

특징 : ① 동사 뒤에 목적어와 목적격보어가 있음.
   ② 목적어와 목/보는 일종의 주어와 동사 관계를 형성함.
   ③ 목/보의 품사가 다양함에 주의. 목/보에는 명사, 형용사, 원형부정사(do), to 부정사(to do), 현재분사(doing), 과거분사(p.p)가 옴.
   ④ 가/목 / 진/목의 구분도 있음.

1형식 : 완전자동사 (Complete intransitive verb)

구조 — 주어 + 동사(완전자동사)

특징 — ① 1형식은 주어의 존재, 주어의 단순 동작을 나타낸다.
   ② 완전자동사로 보어나 목적어가 없다.
   ③ 거리, 기간, 무게, 장소의 부사, 부사구, 부사절이 온다.
   ④ 가주어 / 진주어 같은 특이한 구조가 있다.

| 1형식의 여러 가지 형태 |

1) 주어 + 동사

  Paper tears. (종이는 찢어진다.)
   주어 동사

  The moon rose. (달이 떴다.)
    주어   동사

  * 실제로 이렇게 단순한 문장은 보기 쉽지 않다.

2) 주어 + 동사 + 부사

  She rises early. (그녀는 일찍 일어난다.)
   주어 동사 부사

He works hard. (그는 열심히 일한다.)
주어 동사 부사

주의 이 문장구조에 쓰이는 부사가 early나 hard 같은 단순 부사도 있고 ⟨to do⟩, ⟨전+명=구⟩ 같은 부사구 또는 부사절이 있다.

a) to do - 부사

He came to see me. (그가 나를 보러 왔다.)
주어 동사 to do(부사)

She wept to hear his death. (그가 죽었다는 소식에 그녀는 울었다.)
주어 동사 to do(부사)

b) 전치사 + 명사 = 부사

A dayfly files into his ear.
주어 동사 전치사+명사
(하루살이 한 마리가 그의 귓속으로 날아 들어갔다.)

We drink to his health. (우리는 그의 건강을 위해 건배를 들었다.)
주어 동사 전치사 + 명사

* 대표적인 동사들 : come, go, fly, fall, run, drink, increase, jump, live, rain, profit, fail, sleep, smoke, stretch, talk, walk 등

* 자주 쓰이는 단순 부사 : about, around, away, back, down, forth, in, off, on, out, over, through, up 등

c) 부사절

I won't go out if she comes tomorrow.
주어 동사 부사절
(그녀가 내일 온다면 나는 외출하지 않을 것이다.)

I will run whenever I get the chance.
주어 동사 부사절 (나는 기회가 있을 때마다 달릴 것이다.)

3) Here/There + 동사 + 주어

Here is your book. (여기 너의 책이 있다.)
동사 주어

<u>There goes</u> <u>the bus</u>. (버스가 간다.)
　　동사　　　주어

　　* 대표적인 동사 : be, come, go, live, remain, sleep, smoke 등

[주의] there에는 뜻이 없지만 here에는 여기에 ~, 자, 이봐 등의 뜻이 있다.

4) There + 동사 + 주어 + 부사

<u>There</u> <u>are</u> <u>different ways</u> <u>to solve</u> the problems.
　동사　　주어　　　부사(to do)
(문제를 해결하는 데 여러 가지 다른 방법이 있다.)

[주의] to do가 부사일 때는 목적 · 결과 · 원인 · 이유 · 판단 · 조건 등을 의미한다.

<u>There</u> <u>is</u> <u>a map</u> <u>on page five</u>. (5페이지에 지도가 있다.)
　동사　주어　부사(전+명=구)

5) 부사 + 동사 + 주어

<u>Away</u> <u>flew</u> <u>the bird</u>. (새가 날아갔다.)
　부사　동사　　주어

<u>On the top floor</u> <u>is</u> <u>a restaurant with a nice view of the city</u>.
　　부사구　　　　동사　　　　　　　주어
(꼭대기 층에 도시의 전망 좋은 식당이 있습니다.)

6) It(가주어) + 동사 + 명사절(진주어)

<u>It</u> <u>doesn't matter</u> <u>what he will do</u>. (그가 무엇을 할 지는 상관이 없다.)
가주어　　　동사　　　　　명사절(진주어)

<u>It</u> <u>happened</u> <u>that he was not at home</u>.
가주어 동사　　　　명사절(진주어)　　　　(그는 우연히 집에 없었다.)

　* 가주어 It은 별의미가 없고 뒤에 명사절이 주어가 됨.

[주의] It + 동사 + 명사(명사절)은 1형식, 하지만 아래의 경우는 2형식이다. It + be + 형용사 + to do(명사)/that(명사절)은 2형식으로 to do나 that절이 주어임.

<u>It</u> <u>was</u> <u>dangerous</u> <u>to bathe</u> in this river.
　　be　　형용사　　to do(명사)　(이 강에서 수영하는 것은 위험했다.)

<u>It</u> <u>is</u> <u>natural</u> <u>that you should think so</u>.
　　be　형용사　　　that(명사)절
(당신이 그렇게 생각하는 것은 자연스럽다.)

2형식 : 불완전 자동사 (Incomplete intransitive verb)

구조 — 주어 + 동사 + 주격보어

특징 — ① 2형식은 주어에 대한 규정, 정의를 의미한다.
② 주격보어에는 명사·대명사·형용사나 그 상당어구가 온다.(구체적으로 명사의 상당 어구 to do, 동명사·명사절이며, 형용사의 상당 어구는 to do, 현재분사, 과거분사, 전명구 등이 있다.) 명사 보어는 주어와 항상 동일하며 가족관계나 직업을 설명하고 항상 주어와 명사 주격보어는 동격관계가 성립이 된다. 형용사보어는 주어를 수식하며 기분이나 상태·성질을 설명한다.
③ 2형식에는 가주어 / 진주어 구문이 있다.

2형식의 여러 가지 형태

1) 주어 + 동사 + 주격보어〈명사〉

a) 명사가 주격보어인 경우

　　I'm your P.E teacher. (나는 너의 체육 선생님이야.)
　　　　보어

　　The boy became a great scientist. (그 소년은 위대한 과학자가 되었다.)
　　　　　　　　　　보어(명사)

b) 대명사가 주격보어인 경우

　　It is me. (저 예요.)
　　　　대명사

　　That box is mine. (그 상자는 내 것입니다.)
　　　　　　보어(소유대명사)

c) to do가 명사로 주격보어인 경우

　　His only wish was to sleep. (그의 단 하나의 소원은 잠자는 것이었다.)
　　　　　　　　　　보어(to do 명사)

　　My object was to know the cause of accident.
　　　　　　　　보어(to do 명사)
　　(나의 목적은 그 사건의 원인을 아는 것이었다.)

d) 동명사(doing)가 명사로 주격보어인 경우

> Her favorite exercise is <u>playing</u> tennis.
>   보어(동명사)
> (그녀의 취미는 테니스 치는 것이다.)
> His hobby is <u>making</u> various kinds of dolls.
>   보어(동명사) (그의 취미는 여러 가지 인형을 만드는 것이다.)

e) 주어 + 동사 + 명사절(주격보어)

> The trouble is <u>that we are short of money</u>.
>   that절이 명사
> (문제는 우리가 돈이 부족하다는 것이다.)
> This is <u>where I work</u>. (이곳이 내가 일하는 장소이다.)
>   wh.절이 명사

2) 주어 + 동사 + 주격보어〈형용사〉

a) 형용사

> That book is very <u>interesting</u>. (그 책은 아주 재미있어.)
>   형용사
> Silk feels <u>soft and smooth</u>. (실크는 부드럽고 매끈한 촉감이 있다.)
>   형용사

> *형용사를 주격보어로 하는 대표적인 동사 : appear, be, become, fall, feel, get, go, grow, keep, look, prove, remain, run, smell, sound, taste, turn

b) to do가 형용사인 경우

예정 : ~ 하기로 되어있다, ~ 할 예정이다
> We <u>are to meet</u> at 3. (우리는 3시에 만나기로 되어있다.)
> They <u>were to have been</u> married.
> (그들은 결혼하기로 되어 있었는데.(못했다))

의무·명령 : ~ 할 의무가 있다, ~ 하여야 한다
> When <u>am I to start</u>?(언제 출발해야 합니까?)
> You <u>are</u> not <u>to speak</u> in this room. (이 방안에서 말하면 안 됩니다.)

가능(흔히 부정문에서 to be done을 수반함) : ~ 할 수 있다

Not a soul was to be seen on the street.
(거리엔 사람 하나 볼 수 없었다.)
My hat was nowhere to be found.
(내 모자는 어디에서도 보이지 않았다.)

운명(흔히 과거시제로) : ~ 할 운명이다

He was never to see home again.
(그는 고향에 다시 못 돌아갈 운명이었다.)
But that was not to be. (그러나 그렇게는 안 될 운명이었다.)

목적 : ~ 하기 위한 것이다

You must work hard if you are to succeed.
(네가 성공하려면 열심히 노력해야 한다.)
This letter was to announce their engagement.
(이 편지는 그들의 약혼을 알리기 위한 것이다.)

■ 〈be + 명사보어 to do〉와 〈be + 형용사보어 to do〉의 차이

·to do가 명사로 be동사의 보어 일 때

→ 〈주어=보어〉이므로 (주어) 은, 는, 이, 가 ~ (보어) 것이다 이다.

·to do가 형용사로 be동사의 보어 일 때

→ 주어≠보어이므로 be to do의 특별용법으로 예정, 의무·명령, 가능, 운명, 목적을 뜻하기 때문에 각별한 주의가 필요하다.

His plan is to go to America next week. - 명사
(그의 계획은 다음 주에 미국으로 가는 것이다.)
He is to go to America next week. - 형용사
(그는 다음 주에 미국으로 갈 예정이다.)

c) 현재분사(doing)가 형용사인 경우

A dog is running after a cat. (개가 고양이 뒤를 좇아 달리고 있다.)
She is smelling the flower. (그녀는 꽃을 냄새 맡고 있다.)
* is + 현재분사(doing)은 진행형이며 doing이 형용사로 보어이다.

He kept (or remained) underline{standing}. (그는 계속 서 있었다.)

* 이 경우의 standing은 유사보어라 함.

d) 과거분사(p.p)가 형용사인 경우

The boy was praised by the teacher.
(그 소년은 선생님이 칭찬해 주셨다.)
The picture will be painted by him. (그가 이 그림을 그릴 것이다.)
* is + 과거분사(p.p)는 수동형이며 p.p가 형용사로 보이다.
The island appeared uninhabited. (섬은 무인도 같아 보였다.)

* be동사 외에 과거분사를 형용사로 갖는 대표동사 : appear, feel, keep, lie, remain, seem, stand

3) It(가주어) + is + 명사 + to do (that절, who절, 동명사)〈진주어〉

It's a pity to waste it.
    명사   to do
(그것을 낭비하는 것은 유감스러운 일이다.)

It would be a mistake to ignore his advice.
          명사   to do
(그의 충고를 무시하는 것은 실수가 될 것이다.)

It was a pity that you couldn't come.
     명사   that절
(당신이 올 수 없었다는 것은 유감이었다.)

It's a mystery why all our attempts have been unsuccessful.
     명사   wh.절
(왜 우리들의 계획이 실패했는지 알 수가 없다.)

It was a difficult business getting everything ready in time.
                   doing(동명사)
(모든 것을 시간에 맞춰 준비한다는 것이 어려웠다.)

* It is 명사/대명사/부사(구) that(wh.절)은 강조 구문이다.

• 기본형

Tom broke a window yesterday.
(Tom은 어제 창문을 깼다.)

• 강조형

It was <u>Tom</u> that(who) broke a window yesterday.
(어제 창문을 깬 것은 Tom이었다.) - 명사 강조
It was a <u>window</u> that Tom broke yesterday.
(Tom이 어제 깬 것은 창문이었다.) - 명사 강조
It was <u>yesterday</u> that Tom broke a window.
(Tom이 창문을 깬 것은 어제였다.) - 부사 강조

4) It(가주어) + is + 형용사 + to do(진주어-명사)(that절, who절, 동명사)

* 가주어 구문은 It is 형용사 + to do(that절, wh절, 동명사)로서 형용사에 주의할 것.

<u>It</u> is not <u>easy</u> <u>to learn</u> Korean. (한국어를 배우기가 쉽지 않다.)
가주어   형용사   to do

<u>It</u> is <u>pleasant</u> <u>to talk</u> with her. (그녀와 이야기 하는 것은 즐겁다.)
가주어   형용사   to do

* to do가 진주어 일 때 to do의 행위자인 의미상주어가 필요하면 'for + 명사'가 온다.

It is not easy <u>for a foreigner</u> to learn Korean.
(외국인이 한국어를 배우는 것은 쉽지 않다.)
It is pleasant <u>for me</u> to talk with her.
(내가 그녀와 이야기 하는 것은 즐겁다.)

'for + 의미상의 주어' 앞에 오는 형용사

It is dangerous <u>for her</u> <u>to swim</u> in this river.
(그녀가 이 강에서 수영하는 것은 위험하다.)

* 의미상 주어로 'for+ 명사'를 사용하는 형용사 보어: curious, dangerous, difficult, easy, hard, impossible, interesting, obvious, pleasant, possible, strange, true

[주의] 진주어 'to do'의 행위자인 의미상주어를 'of+명사'로 쓰는 경우도 있는데, 'to do' 앞에 사람의 성질 또는 성격을 나타내는 형용사가 오면 의미상주어로 'of + 명사'를 쓴다. 즉, 문장의 보어로 쓰이는 형용사에 따라 for, of가 결정된다.

It was stupid <u>of her</u> <u>to make</u> such a mistake.
(그런 잘못을 저질렀다니 그녀는 어리석었다.)

*의미상 주어로 'of+명사'를 사용하는 형용사 보어 (사람의 성질, 성격을 나타냄):
brave, careful, careless, clever, considerate, courageous, cruel, cute, decent, foolish, good, grateful, kind, nice, rude, selfish, silly, stupid, sweet, thoughtful, wise, wrong

It is <u>strange</u> <u>that he should have said so</u>.
　　　형용사　　　　　　that절
(그가 그렇게 말해야만 했다니 이상하다.)

It's <u>doubtful</u> <u>whether he will be able to come</u>.
　　　형용사　　　　　wh.절
(그가 올 수 있을는지 의심스럽다.)

It's <u>foolish</u> <u>behaving like that</u>. (그렇게 행동하는 것은 어리석은 일이다.)
　　　형용사　　doing(동명사)

* to do는 <u>앞으로 할 것</u>으로 가능한 동작이나 상태의 미래 일을 표시. doing(동명사)는 <u>한 것 또는 하는 것</u>으로 과거 아니면 현재의 사실이나 일반적 사실을 객관적으로 표시.

3형식 : 완전타동사 (Complete transitive verb)

구조 ― 주어 + 동사 + 목적어

특징 ― ① 3형식은 주어와 목적어와의 관계를 설명하다.
② 타동사 뒤에 목적어가 온다.
③ 동사에 따라 목적어가 결정된다. 목적어에는 명사 · 대명사 · to do · doing (동명사) · that절 · wh절 · wh + to do가 있다.

1) 주어 + 동사 + 목적어〈명사 / 대명사〉

<u>I</u> <u>know</u> <u>your name</u>. (나는 당신의 이름을 안다.)
　　　　　　명사
<u>I</u> can <u>trust</u> <u>him</u>. (나는 그를 믿을 수 있다.)
　　　　　　　대명사

2) 주어 + 동사 + to do(명사)

He wants to do it. (그는 그 일을 하고 싶어 한다.)
They decided not to go there.
　　　　　　　　목적어(to do)
(그들은 그곳에 가지 않기로 결정했다.)

* to do(to 부정사)를 목적어로 하는 동사 : attempt, begin, decide, expect, forget, hope, intend, learn, like, love, mean, need, offer, plan, pretend, promise, propose, refuse, start, try, want, wish

3) 주어 + 동사 + doing〈동명사〉

She likes swimming. (그녀는 수영을 좋아한다.)
　　　　　doing(동명사)
He has stopped smoking for his health.
　　　　　　　　doing(동명사)
(그는 건강을 위해 담배를 끊었다.)

* doing(동명사)을 목적어로 하는 동사 : admit, appreciate, avoid, begin, consider, deny, endure, enjoy, escape, evade, finish, forget, give up, (cannot) help, imagine, like, love, mind, miss, postpone, regret, put off, reject, remember, resist, stand, start, stop

* to do(부정사)와 doing(동명사)을 모두 목적어로 취하는 동사 : begin, continue, dislike, forget, hate, intend, like, love, mean, neglect, prefer, regret, remember, try, want

목적어가 to do(부정사)냐 doing(동명사)이냐에 따라 뜻이 달라지는 동사

a) forget + to do - (~할 것을) 잊어버리다
   I forgot to post your letter.
   (네 편지를 부친다는 걸 잊었어.)

forget + doing – (~했던 일을) 잊어버리다

    I shall never forget hearing them sing 'Arirang'.

    (그들이 'Arirang' 부르는 걸 들은 일을 절대 잊어버리지 않을 거다.)

b) regret + to do – (유감스럽게도) ~ 하다

    I regret to say I can't come.

    (유감스럽지만 올 수가 없다.)

regret + doing – (~ 한 것을) 후회하다

    I regret saying that I couldn't come.

    (올 수 없다고 말한 게 후회된다.)

c) remember + to do – (앞으로 할 일을) 기억하다

    Remember to call him when you are in LA.

    (너가 LA 에 있을 때 그에게 전화하는 것 기억해 줘.)

remember + doing – (이전에 한 일을) 기억하다

    I remember seeing him somewhere.

    (어디선가 그를 만났던 일을 기억한다.)

d) stop + to do – (~하기 위하여) 멈추다

    She stopped to talk.

    (그녀는 이야기를 하기 위해 (걸음을) 멈추었다.)

stop + doing – ~ 하던 것을 멈추다

    She stopped talking. (그녀는 이야기를 중단했다.)

e) want + to do – (~을) 하고 싶다

    She wants to go with him. (그녀는 그와 가고 싶어 한다.)

want + doing – (~을) 할 필요가 있다(수동적 의미)

    Your hair wants cutting.

    (머리를 잘라야겠어.)

동명사와 현재분사

형태 — '동사원형 + ing'로 동일

기능 — 명사(동명사), 형용사(현재분사), 부사(분사)가 있다.

동명사   동사 뿌리에 명사 성격이 더해져 명사와 같이 주어/타동사의 목적어/ 보어/전치사의 목적어 역할을 함.

He likes <u>swimming</u> in summer.
            목적어(동명사)
(여름에 그는 수영하는 것을 좋아한다.)

현재분사   명사를 수식하는 형용사로, 진행형 시제가 있는 문장에선 동사 역할도 수행함.

There are many <u>singing</u> birds in the forest.
              형용사(birds 수식)   (숲에서 노래하는 새들이 많이 있다.)

He <u>is washing</u> the car now. (그는 지금 세차하고 있는 중이다.)
   현재진행형(동사)

– 현재분사는 형용사뿐만 아니라 부사 구실도 함.

<u>Seeing</u> me, she smiled. (그녀는 나를 보면서 미소를 지었다.)
분사구문(부사)

4) 주어 + 동사 + that절/명사절 (wh.절 / wh. to do)

I think <u>that he is honest</u>. (나는 그가 정직하다고 생각했다.)
      명사절(that절)

She suggested <u>that we should start early</u>.
             명사절(that절)
(그녀는 우리가 일찍 떠날 것을 제안했다.)

* 목적어 자리에 that절을 가져오는 동사 : advise, command, declare, demand, demonstrate, expect, hope, imagine, insist, mean, propose, regret, report, request, require, say, see, show, suggest, wish, wonder

I wonder why he hasn't come.
　　　　　명사절(wh.절)
(왜 그가 오지 않았는지 이상하게 생각한다.)

I don't know what he said. (그가 뭐라고 말했는지 나는 모른다.)
　　　　　명사절(wh.절)

I'll inquire how to get there.
　　　　　명사절(wh. to do)
(그곳까지 어떻게 가야하는지 물어보겠다.)

We must find out what to do next.
　　　　　　　　명사절(wh. to do)
(다음에 해야 할 일을 찾아내야 한다.)

* 주어 + 동사 + 명사절 (wh.절 / wh. to do)에 주로 쓰이는 동사 : ask, care, discover, discuss, doubt, find out, guess, imagine, know, mind, reveal, say, show, suggest, suppose, tell, think, understand, wonder

* to do와 결합하는 대표적인 의문사와 접속사 : what, who(whom, whose), which, when, where, why, how, whether

4형식 : 여격(수여)동사 (Dative verb)

구조 — 여격(수여)동사로 주어 + 동사 + 간접목적어 + 직접목적어

특징 — ① 목적어를 두 개 갖는 수여동사형
② 간접목적어는(~에게) / 직접목적어는(~을, 를)이 기본 꼴임.
③ 간접목적어 ≠ 직접목적어로 두 목적어의 성격이 전혀 다름.
④ 3형식으로 전환이 가능함.

1) 주어 + 동사 + 간접목적어 + 직접목적어

The teacher gave them an English lesson.
　　　　　　　　사람　≠　수업
(선생님은 그들에게 영어수업을 해주셨다.)

Will you lend me your pen? (당신은 나에게 펜을 빌려 주시겠습니까?)
　　　　　사람 ≠ 사물

* 4 형식의 대표 동사들 : allow, answer, ask, bring, buy, call, cause, choose, cook, deny, do, envy, fetch, forgive, get, give, grant, hand, leave, make, offer, order, owe, pardon, pass, play, promise, reach, read, refuse, save, sell, send, show, sing, spare, teach, tell, wish, write

2) 주어 + 동사 + 사물 + 사물

I never gave <u>the matter</u> <u>a thought</u>.
　　　　　　　사물　 ≠ 　사물
(나는 그 일을 한 번도 생각한 적이 없었다.)
I struck <u>the door</u> <u>a heavy blow</u>. (나는 그 문을 힘껏 쳤다.)
　　　　　사물　 ≠ 　사물

* 동사 뒤에 두 명사(두 목적어) 사이에 성격의 공통점이 없음.

3) 주어 + 동사 + 간접목적어 + that(wh.절, wh. to do)

Please remind <u>him</u> <u>that he must be here early</u>.
　　　　　　　사람　　　　that절
(제발 그에게 일찍 와야 한다고 일러 주시오.)
We informed <u>the manager</u> <u>that we were willing to work overtime</u>.
　　　　　　　사람　　　　　　　　　　that
(우리는 기꺼이 특근하겠다고 지배인에게 알려주었다.)
Tell <u>me</u> <u>what it is</u>. (그게 뭔지 말해 줘.)
　　　사람　 wh.절
She asked <u>her brother</u> <u>when he would be back</u>.
　　　　　　사람　　　　　　wh.절
(그녀는 동생에게 언제 돌아 올 것인지 물어보았다.)
He showed <u>me</u> <u>how to drive a car</u>.
　　　　　사람　　wh. to do
(그가 나에게 운전하는 법을 보여 주었다.)
Ask <u>your teacher</u> <u>how to pronounce it</u>.
　　　사람　　　　　how to do
(그걸 어떻게 발음하는지 선생님께 여쭤봐.)

* 이 문장구조를 취하는 대표 동사들 : ask, assure, convince, inform, persuade, promise, satisfy, show, teach, tell, warn

4형식을 3형식으로 전환

4형식의 간접목적어를 전치사 + 간접목적어의 형태로 직접목적어 뒤로 보내어 〈주어 + 동사 + (직접)목적어 + 전치사 + (간접)목적어〉 형태로 3형식이 됨. 주의할 사항은 동사에 따라 전치사가 달라짐.

a) to + 간접목적어

He gave me a present.
　　　　사람　　사물
⇒ He gave a present to me. (그는 내게 선물을 주었다.)
　　　　사물　　　사람

* 이 문장구조의 대표동사들 : bring, deny, feed, fetch, give, hand, lend, offer, owe, pass, pay, permit, promise, read, sell, send, show, take, teach, tell, wish, write

b) for + 간접목적어

She made us some good cake.
　　　　사람　　사물
⇒ She made some good cake for us.
　　　　사물　　　사람
(그녀가 우리에게 맛있는 케이크를 만들어 주었다.)

* 이 문장구조의 대표동사들 : buy, choose, cook, cut, do, find, gather, get, leave, make, order, paint, pick, play, reach, save, spare

c) of + 사람

He asked me a question. ⇒ He asked a question of me.
　　　사람　사물　　　　　　　　사물　　사람
(그는 나에게 질문을 했다.)

* 이 문장구조의 대표동사들 :
　ask, beg, demand, desire, inquire, require

5형식 : 불완전타동사 (Incomplete transitive verb)

구조 — 주어 + 동사 + 목적어 + 목적격보어(=목/보)

특징 — ① 동사 뒤에 목적어와 목적격보어가 있음.
② 목적어와 목/보는 일종의 주어와 동사 관계를 형성함.
③ 목/보의 품사가 다양함에 주의. 목/보에는 명사, 형용사, 원형부정사 (do), to 부정사(to do), 현재분사(doing), 과거분사(p.p)가 옴.
④ 가/목 / 진/목의 구분도 있음.

1) 주어 + 동사 + 목적어 + 명사 / 형용사

We elected him a chairman. (우리는 그를 의장으로 선출했다.)
　　　　　　목　　목/보(명사)

Officials declared her the winner of the race.
　　　　　　　　목　　　목/보(명사)
(당국자들은 그녀를 그 경기의 우승자로 발표했다.)

* 명사를 목/보로 하는 대표동사들 : appoint, believe, call, choose, consider, declare, elect, find, keep, make, name, select, suppose, think

I found the book very easy. (나는 그 책이 아주 쉽다는 것을 알았다.)
　　　목　　목/보(형용사)

He pushed the door open. (그는 문을 밀어 열었다.)
　　　　　목　　목/보(형용사)

* 형용사를 목/보로 하는 대표동사들 : believe, feel, find, keep leave, think, paint, render, report, push, suppose, throw

2) 주어 + 동사 + 목적어 + do(원형부정사)

a) 지각동사

I saw him enter the room. (나는 그가 방으로 들어가는 것을 보았다.)
　　목　do(원형부정사)

Did you notice anyone come in? (누군가 들어오는 것을 보았니?)
　　　　　　　목　　do(원형부정사)

* 목/보로 원형부정사를 취하는 동사들 : 지각동사 : see, hear, feel, find, know, notice, observe, perceive, watch

b) 사역동사

Please have <u>the porter</u> <u>carry</u> these boxes up to my room.
　　　　　　목적어　do(원형부정사)
(짐꾼이 이 상자들을 내 방으로 올려다 주도록 해주세요.)

What makes <u>you</u> <u>think</u> so? (왜 그런 생각을 하니?)
　　　　　목적어　do(원형부정사)

* 목보로 원형부정사를 가져오는 사역동사들 : make, have, let, help, bid

3) 주어 + 동사 + 목적어 + to do(to 부정사)

My father won't allow <u>me</u> <u>to ride</u> a motorcycle.
　　　　　　　　　목적어　to do(to 부정사)
(아버지는 내가 오토바이 타는 것을 허락하지 않으신다.)

She told <u>me</u> <u>to shut</u> the door. (그녀는 나에게 문을 닫으라고 말했다.)
　　　목적어　to do(to 부정사)

* to do(to 부정사)를 목적격보어로 하는 5형식 동사들 : advise, allow, ask, believe, beg, cause, command, compel, declare, enable, encourage, expect, force, get, help, instruct, invite, lead, leave, mean, require, teach, tell, urge, want, wish

4) 주어 + 동사 + 목적어 + doing(현재분사)

Can you smell <u>something</u> <u>burning</u>?
　　　　　　　목적어　　doing
(뭔가 타는 냄새가 나지 않습니까?)

I saw the <u>thief</u> <u>running</u> away.
　　　　　목적어　doing
(나는 도둑이 도망가는 것을 보았다.)

* doing(현재분사)을 목적격보어로 하는 5형식 동사들
  ① 지각동사 : feel, hear, perceive, see, smell, watch
  ② 기타 : find, get, have

5) 주어 + 동사 + 목적어 + p.p(과거분사)

I heard **my name** <u>called</u>. (누가 내 이름을 부르는 소리가 들렸다.)
　　　　목적어　p.p(과거분사)

I had <u>a new suit</u> <u>made</u> last month. (지난달 새 양복을 맞췄다.)
　　　　목적어　　p.p(과거분사)

* p.p(과거분사)를 목적격보어로 하는 동사 :

　　feel, find, get, have, hear, make, see, want, wish

[주의] 5형식에서는 목적어와 목적격보어의 관계가 능동인지 수동인지 구별하여야 한다. 목적어가 능동적으로 목적보어의 행위를 하면 목보는 do, to do, doing이 오고 목적어가 수동적으로 목적보어의 행위를 당하면 목/보는 p.p가 온다.

I had <u>my uncle</u> <u>take</u> my picture. (삼촌에게 사진 찍어달라고 했다.)
　　　목적어　　do(능동)

I had <u>my picture</u> <u>taken</u> (by my uncle)
　　　목적어　　　p.p(수동)

I heard <u>someone</u> <u>calling</u> my name.
　　　　목적어　　doing(능동)
(누군가 내 이름을 부르는 소리가 들렸다.)

I heard <u>my name</u> <u>called</u>. (나는 내 이름이 불리는 걸 들었다.)
　　　　목적어　　p.p(수동)

6) 주어 + 동사 + it(가목) + 명사/형용사(보어) + to do/that(진목)

I count <u>it</u> <u>an honour</u> <u>to serve</u> you.
　　　가목　　명사　　(진/목)to do
(당신에게 봉사하게 된 것이 영광입니다.)

I think <u>it</u> <u>a pity</u> <u>that you didn't try harder</u>.
　　　가목 명사　　　　(진/목)that절
(나는 당신이 좀 더 열심히 노력하지 않았다는 것을 유감으로 생각한다.)

We all consider <u>it</u> <u>wrong</u> <u>to cheat</u> in examination.
　　　　　　　가목 형용사 (진/목)to do
(우리 모두는 시험에서 부정행위를 하는 것을 나쁜 일로 생각한다.)

Do you think <u>it</u> <u>odd</u> <u>that I should live by myself</u>.
　　　　　　가/목 형용사　　　(진/목)that절
(당신은 내가 혼자 사는 것이 이상하게 생각 됩니까?)

* to do를 진/목으로 하는 동사들 : believe, call, consider, count, declare, feel, find, hear, imagine, judge, know, make, see, suppose, take, think, understand

* that절(명사절)을 진/목으로 하는 동사들 : believe, see, feel, find, judge, make, think

7) 주어 + 동사 + 목적어 + as 보어〈명사 / 형용사 / 분사〉

He regarded it as a bother. (그는 그것을 귀찮은 것으로 여겼다.)
　　　　　목적어　as 보어(명사)

She described him as really clever.
　　　　　목적어　　as 보어(형용사)
(그녀는 그를 정말로 현명하다고 했다.)

* as 보어를 목/보로 가져오는 동사들 : accept, acknowledge, characterize, choose, describe, know, interpret, rank, recognize, regard, represent, take, treat, view

Chapter 3
준동사와 「전치사 + 명사 = 구」

'준동사 · 구(전치사+명사)'를 한 번에 묶어 설명하는 이유는 이 두 가지가 형태는 달라도 문장 속에서 위치에 따라 명사적 용법 · 형용사적 용법 · 부사적 용법을 모두하기 때문에 기능을 이해하는 데 도움이 되도록 분석적이며 동시에 종합적으로 비교해서 설명하려고 한다.

'준동사 · 전 + 명 = 구'가 형태적으로는 각각 별개인데 역할은 명사 · 형용사 · 부사 기능을 공통으로 하면서 문장의 주요 요소인 내용어(명사 · 동사 · 형용사 · 부사) 구실을 한다. 문장에서는 이들이 빠지는 일 없이 등장하면서 각각 세 가지씩 기능을 하고 있어 복잡하다. 동사가 to do 나 doing으로 형태를 바꾸어 준동사가 되면 동사의 성질인 형식을 유지하면서 왜 다양한 품사 구실을 하는지, 그 기능은 무엇인지 알기 어렵다. 품사가 바뀌는 것은 go가 '가다'라는 동사는 있는데 '감(명사)', '가는(형용사)', '가기 위하여(부사)'가 없기 때문이다. 그런데 본래 내용어인 명사 · 동사 · 형용사 · 부사는 사전에 표기되어 있는데 준동사가 내용어로 되었을 때는 표기가 없어 어렵다. 이는 '전 + 명 = 구'인 경우도 마찬가지다. 그래서 본 chapter에서 구조를 중심으로 이들의 기능을 비교 설명하려 한다.

다음 예문을 통해 준동사, 「전+명=구」의 쓰임을 간략하게 짚어보자.

Rehabilitation Therapy using animals for physical, emotional, and[1] addictive health problems is becoming more widely accepted as[ㄱ] it becomes more successful and[2] as[ㄴ] the bond between humans and[3] companion animals strengthens. (신체적 · 정서적 그리고 중독과 관련 있는 건강상의 문제를 해결하기 위해 동물을 이용하는 재활치료는 더 성공하고 인간과 반려동물 사이의 유대가 강해짐에 따라 점점 더 널리 받아들여지고 있다.)

Tips　using – 준동사(현재분사 – 형용사) ~ 사용하는
　　　for – 전치사(이유를 설명) ~ 때문에
　　　and⁽¹⁾ – 등위접속사로 형용사(physical, emotional, addictive) 3개를 연결
　　　and⁽²⁾ – 등위접속사로 종속절 as it becomes ~ 와 as the bond ~ strengthens
　　　　　　 연결
　　　and⁽³⁾ – 등위접속사로 humans and companion animals을 연결
　　　as⁽ᄀ⁾ as⁽ᄂ⁾ – 종속접속사로 as + 절을 유도하며 추이(~에 따라)를
　　　　　　 설명하는 부사절 유도

길고 복잡한 문장으로 보이지만,

　　　Rehabilitation Therapy is becoming accepted.
　　　　　　주어　　　　　　동사　　　보어
　　　(재활치료가 수용되고 있는 중이다.)

　2형식 문장이 핵심이다. 그런데 준동사, 전치사, 대등접속사, 종속접속사가 부수적으로 연결되어 형용사, 부사로 목적, 상태·추이를 설명하면서 문장은 길어지고 화려해져 한 눈에 알아보기 어렵다. 실제로 동사 구조를 확실히 이해해도 긴 장문이거나 복문이 되면 수식어 때문에 당황하거나 정확한 독해를 포기하는 일도 흔히 있다. 이런 점에서 이 chapter에서는 준동사·전+명구의 명사·형용사·부사의 기능만을 별도로 자세히 설명하려고 하는데, 이들의 구조와 성격에 대해서는 별도의 chapter에서 설명한다.

A. 준동사

준동사에는 부정사(원형부정사와 to 부정사), 분사(현재분사와 과거분사), 동명사가 있다.

1. 부정사 (Infinitive)

　부정사는 동사 형태를 가지고 동사기능과 동시에 다른 품사인 명사, 형용사, 부사의 기능을 한다.
　동사기능은 형식이 있고 태(수동태·능동태)가 있고 시제가 있다는 것을 의미한다. 부정사에는 원형부정사와 to 부정사 두 가지가 있다.

원형부정사 (Root Infinitive 또는 Bare Infinitive) – do

원형부정사는 조동사 뒤에 와서 동사의 역할과 목적보어로 형용사 역할을 한다.

1) 원형부정사의 용법

a) 조동사 + 원형부정사

모든 조동사 뒤에서 본동사의 구실을 한다.

Don't you remember my name? (너는 내 이름을 기억하지 못하니?)
조동사　　　원형부정사

We will make a trip to Canada next month.
　　조동사 / 원형부정사

(우리는 다음달에 캐나다로 여행할 것이다.)

You must do exercise every day. (너는 매일 운동을 해야 한다.)
　　조동사 / 원형부정사

You can park here. (너는 여기에 차를 세워도 좋아.)
　　조동사 / 원형부정사

b) 지각동사와 원형부정사(5형식)

see, hear, feel, listen to, watch, perceive, notice, observe 등의 목적격보어로 쓰인다.

I saw a thief run away in the dark.
지각동사　　　원형부정사

(나는 도둑이 어둠 속으로 달아나는 것을 보았다.)

I noticed Jinny leave the room.
　지각동사　　　원형부정사

(나는 Jinny가 방을 나가는 것을 알아 차렸다.)

I heard the car stop. (나는 차가 멈추는 소리를 들었다.)
지각동사　　　원형부정사

c) 사역동사와 원형부정사(5형식 동사)

make, have, let, bid의 목적보어로 쓰인다

They made me do the dishes. (그들이 내게 설거지를 시켰다.)
　　사역동사　원형부정사

Let me try once more. (나에게 한 번 더 시켜 주십시오.)
사역동사　원형부정사

<u>Have him come early.</u>(그를 빨리 오게 해.)
사역동사   원형부정사

| to 부정사 — to do |

to 부정사는 to do의 형태로 동사의 성질을 지니며 동시에 명사·형용사·부사의 기능을 한다.

to 부정사의 특징을 살펴보면,
- 동사적 성질 — 보어·목적어를 갖는다, 부사구로 수식된다, 태와 시제의 기능을 갖는다.
- 명사적 기능 — 주어·목적어·보어가 된다.
- 형용사적 기능 — (대)명사를 수식하며 한정적 기능, 서술적(보어) 기능을 한다.
- 부사적 기능 — 동사·형용사·다른 부사를 수식한다.

1) to 부정사의 용법

a) 명사적 용법 : 「~ 하는 것」의 의미로 주어·목적어·보어가 된다

① 주어

<u>To be</u> always on time is one of the duties of a gentleman.
주어
(항상 시간을 지키는 것은 신사의 의무 중 하나다.)
* to be는 is 의 주어임.

<u>To know</u> oneself is difficult.
주어
(자신을 안다는 것은 어렵다.)
* to know는 is의 주어임.

의문사 + 부정사가 주어가 되는 경우

<u>How to do</u> is as important as what to do.
주어
(어떻게 하는 것이 무엇을 하느냐 만큼 중요하다.)
* How to do가 is의 주어임.

② 목적어

〈타동사의 목적어〉

I want to leave here tomorrow.
　타동사　목적어　　(나는 내일 여기에서 떠나기를 원한다.)

He decided to have his own motto.
　　타동사　　목적어　　(그는 자기 자신의 좌우명을 갖기로 결심했다.)

[주의] 1. 부정사가 5형식의 목적어가 될 때 형식목적어 it을 목적어로 하고 진목적어인 to 부정사는 목적격보어 뒤로 간다.

I make it a rule to keep early hours.
　　형식목적어/목적보어/진목적어　(아침에 일찍 일어나는 것을 규칙으로 하고 있다.)

2. 의문사 + 부정사가 목적어가 된다.

She explained to them how to use the computer.
　　타동사　　　　　　　목적어
(그녀는 그 컴퓨터 사용하는 방법을 그들에게 설명했다.)

We must find out what to do next.
　　　　타동사　　목적어
(우리는 다음에 할 일을 찾지 않으면 안 된다.)

〈전치사의 목적어〉

There was nothing for it but to keep silent.
　　　　　　　　　　　전치사　목적어
(침묵하는 것 외에 다른 방법이 없었다.)

* but이 전치사로 except와 같음.

He raised his hat and was about to speak.
　　　　　　　　　　　　전치사　목적어
(그는 모자를 살짝 들고 말을 하려했다.)

③ 보어

〈주격보어〉

The most important thing in life is to do our best.
　　　　　　　　　　　　　　　　　　　주격보어
(인생에서 가장 중요한 것은 최선을 다 하는 것이다.)
* 주어와 명사적 용법의 to 부정사 보어는 같은 것이다.

His hobby is to collect traditional stuff.
　　　　　　주격보어
(그의 취미는 전통물건을 수집하는 것이다.)

[주의] 의문사 + 부정사가 주격 보어가 되는 경우

The problem was when to begin.
(문제는 언제 시작하느냐 하는 것이다.)
* 주어인 The problem과 보어인 when to begin은 같다.

〈목적보어〉

I asked them not to make any noise.
　　　　　　　　목적보어
(나는 그들에게 어떤 소리도 내지 말라고 요청했다.)
* to 부정사의 부정은 not to 부정사임.

She wanted his son to be happy.
　　　　　　　　목적보어
(그녀는 아들이 행복하기를 원했다.)

b) 형용사적 용법 : ~ 하는, ~ 할

부정사의 형용사적 용법은 보통의 형용사와 같이 명사·대명사를 수식하는 한정적 용법과, 동사의 보어가 되는 서술적용법이 있다.

① 한정적 용법 – 앞에 있는 (대)명사 수식

〈수식받는 (대)명사가 to 부정사의 의미상 주어가 되는 경우〉

He has no one to help him. (그는 자신을 도와줄 사람이 아무도 없다.)
(= He has no one who helps him.)
* no one이 help의 주어임.

He is not a man to betray us.
(그는 우리를 배반할 사람이 아니야.)
* man이 betray의 주어임.

〈수식되는 (대)명사가 to부정사의 의미상 목적어가 되는 경우〉

I have letters to write. (나는 써야 할 편지가 있다.)
* write가 타동사로 letters는 목적어임.

I haven't got anything to wear tonight.
(나는 오늘 밤 입을 것이 아무것도 없다.)
* wear가 타동사로 anything이 의미상 목적어임.

② 서술적 용법

불완전자동사(2형식)와 불완전타동사(5형식)에서 주격보어와 목적격보어가 된다.

〈주격보어(2형식)〉

She seems to be happy. (그녀는 행복한 것 같다.)
　　　　　주격보어
* to 부정사가 주격 보어 일 때는 주어의 상태를 설명함.
John appears to be pale. (John은 창백해 보인다.)
　　　　　　주격보어

〈목적격 보어(5형식)〉

What caused him to resign his post as headmaster?
　　　　　　목적어 목적격보어
(무엇이 그에게 교장직을 사직하는 원인이 되었을까?)
She told me to shut the door.
　　　　목적어 목적격보어　　(그녀는 나에게 문을 닫으라고 말했다.)

be + to 부정사

be 동사 뒤에 to 부정사가 형용사로 오면 '예정 · 의무(명령) · 운명 · 가능 · 목적(의도)' 등을 나타내는 경우가 있어 특별히 주의해야 함.

be + to부정사가 형용사 일 때(주어와 to do가 다르다)

예정　~할 예정이다, ~ 하기로 되어 있다
　　　They are to be married next month.
　　　(그들은 다음달에 결혼할 예정이다.)
　　　The meeting is to be held every Friday.
　　　(그 모임은 금요일마다 열릴 예정이다.)

의무·명령　~ 할 의무가 있다, ~ 해야 한다

You are not to speak in this room.
(이 방에서 이야기를 해서는 안 된다.)
It was understood that everybody was to pay his own expenses.
(비용은 각자 부담하는 것으로 알려져 있었다.)

운명　~ 할 운명이다(흔히 과거시제로)

He was never to return to his country again.
(그는 고국에 다시는 못 올 운명이었다.)
The worst is still to come.
(최악의 경우가 닥칠 운명이다.)

가능　~ 할 수 있다(흔히 부정문에서)

Not a soul was to be seen on the street.
(거리에서 사람하나 볼 수 없었다.)
My hat was nowhere to be found.
(내 모자는 아무 데도 보이지 않았다.)

목적　~ 하기 위한 것이다

The letter was to announce their engagement
(편지는 그들의 약혼을 알리기 위한 것이었다.)
If you are really to succeed in anything, you must make a good start.
(무슨 일이든 진정으로 성공하려거든 우선 출발을 잘 하여야 한다.)

be + to 부정사가 명사일 때 (주어와 to do가 같다)

His plan is to go to Busan next week.
(그의 계획은 다음 주에 부산에 가는 것이다.)
* 주어인 His plan과 보어인 to go to Busan이 같아서 명사임

He is to go to Busan next week.
(그는 다음 주에 부산에 갈 예정이다.)
* 주어는 사람이고 보어인 go to와 다르므로 형용사임

c) 부사적 용법 : to 부정사가 동사·형용사·다른 부사·문장전체를 수식하면서 다음의 뜻을 나타낸다.

〈목적: ~ 하기 위해, ~ 하려고, ~ 하도록〉
I came here to see you. (나는 너를 보러 여기에 왔다.)
He rushed his homework through and went out to play.
(그는 숙제를 서둘러서 해치우고는 밖으로 놀러 나갔다.)

〈결과: ~ 하게 되기까지, ~ 해 보니〉
He grew up to be a good doctor.
(그는 자라서 훌륭한 의사가 되었다.)
* awake, grow up, live 등의 무의지 동사 뒤에서는 흔히 결과를 나타낸다.
He lived to be 90 years old. (그는 살다보니 90살이 되었다.)

〈원인: ~ 하여서, ~ 하게 되어〉
I am glad to see you again. (너를 다시 만나서 기쁘다.)
She was hurt to find that no one admired her performance.
(아무도 그녀의 연주를 칭찬해 주지 않아 마음이 상했다.)
* 원인을 나타내는 to부정사 앞에는 주로 감정을 나타내는 형용사(glad, happy, pleased, sorry, delighted, hurt)나 동사(cry, laugh)들이 자주 쓰임.

〈이유·판단의 근거: ~ 하다니, ~ 하는 것을 보니〉
What a fool I was to have expected him to help me!
(그의 도움을 기대했다니 참 나는 어리석었구나!)
He is smart to accept her offer.
(그녀의 제안을 수락하다니 그는 똑똑하구나.)

〈조건: ~ 하면〉
You would have done better to have made up with them.
(그들과 화해했더라면 더 좋았을 텐데.)
You will do well to write more carefully.
(좀 더 주의해서 글을 쓰면 좋겠는데.)

〈정도: ~ 할 만큼〉
She is wise enough to know it.
(그녀가 그것을 알 만큼 충분히 현명해.)
You are not old enough to go to school.
(너는 학교 다닐 만큼 나이가 충분치 않아.)
* enough, so, too 등이 쓰임

〈형용사 + to 부정사: ~ 하기에〉
This water is good to drink. (이 물은 마시기에 좋아.)
           형용사
* to 부정사가 앞에 형용사 수식함

| 독립부정사 |

주절과 콤마로 분리되어 주절 전체를 수식하여 주로 조건·양보의 뜻을 나타냄.
To tell the truth, I overslept myself this morning.
(사실을 말하자면 나는 오늘 아침에 늦잠 잤어.)
Strange to say, a new-born baby knagaroo is only about an inch long.
(이상한 말이지만 갓 태어난 캥거루는 겨우 키가 1인치야.)

| to 부정사의 의미상 주어 |

to부정사의 의미상 주어는 ① 문중에서 나타나지 않는 경우, ② 문장의 주어와 일치하는 경우 ③ 문장의 목적어와 일치하는 경우 ④ for (대)명사 ~로 쓰는 경우 ⑤ of (대)명사 ~로 쓰는 경우 ⑥ It is 형용사 + for ~로 쓰는 경우 ⑦ It is 형용사 of ~로 쓰는 경우가 있다.

1) 문중에서 나타나지 않는 경우

〈to 부정사가 일반적인 행위를 나타내거나 일반인을 의미상 주어로 할 때〉
It is wrong to tell a lie. (거짓말을 하는 것은 나쁘다.)
* 일반인이 의미상 주어임.

There are few novels which it is possible to read through with unfailing interest.
(끝까지 변함없이 흥미롭게 읽을 수 있는 소설은 거의 없다.)
* 일반인이 의미상 주어임.

〈문맥에서 특정인이 의미상 주어일 때〉

It is always a great pleasure to see you.
(당신을 (내가) 만나는 것은 언제나 큰 즐거움입니다.)
* 의미상 주어가 '나'임

What purpose does it have to work hard if you waste your earnings on luxuries?
(수입을 사치품으로 낭비한다면 애써 일해도 무슨 소용이 있습니까?)
* 의미상 주어가 '너'임.

2) 의미상 주어가 문장의 주어와 일치 할 때

He wished to be loved by her.(그는 그녀에게서 사랑 받기를 원한다.)
* 사랑받는 사람 He(주어)임.

She never fails to write to her mother every day.
(그녀는 매일 거르지 않고 어머니에게 편지를 쓴다.)
* 편지 쓰는 사람은 She(주어)임.

3) 의미상 주어가 목적어와 일치 할 때

Good health enabled him to do the work.
(건강하기 때문에 그가 일을 할 수 있다.)
* him이 의미상 to do의 주어임.

I expected her to come. (나는 그녀가 올 것이라고 기대했다.)
* her가 의미상 to come의 주어임.

4) for (대)명사 ~ 가 의미상 주어일 때

The rule was for no one to smoke there.
                    의미상주어 / 의미상 동사
(거기에서는 누구도 담배를 피울 수 없는 것이 규칙입니다.)

He pushed the door open <u>for her</u> <u>to enter</u>.
　　　　　　　　　　　　의미상 주어 / 의미상 동사
(그녀가 들어올 수 있도록 그가 문을 밀어서 열었다.)

5) of (대)명사 ~ 가 의미상 주어일 때

It was bold <u>of him</u> <u>to row</u> up the river.
　　　　　　의미상주어 / 의미상 동사
(노를 저어 강을 거슬러 올라가다니 그는 대담했다.)
How wise <u>of him</u> (it was) <u>to keep</u> silent!
　　　　　의미상주어　　　　의미상 동사
(그가 침묵을 지켜서 얼마나 현명한 지!)

독립부정사

독립부정사는 주문장과 콤마로 분리되어 주문장 전체를 수식하며 주로 양보·조건으로 쓰임.

to tell the truth – 사실대로 말하면
to be frank with you – 솔직히 말하면
to speak frankly – 솔직히 말하면
to be brief – 간단히 말하자면, 요컨대
to be sure – 확실히

to make matters worse – 설상가상으로
strange to say – 이상한 말이지만
so to speak – 말하자면
to do justice – 공평하게 말해서
to say nothing of – ~ 는 말할 것도 없고
not to speak of – ~ 는 말할 것도 없고
to make a long story short – 간단히 말하자면
to begin with – 우선, 무엇보다도
to return – 본론으로 돌아가서

| 부정사의 태와 시제 |

부정사는 동사의 성질이 있어 당연히 태와 시제가 있다.

1) 태

	능동	수동
단순형	to + do	to + be + p.p

I want <u>to buy</u> a new car. - 능동태
　　　　능동　　　　　(나는 새 차를 사고 싶다.)

<u>To love</u> you and <u>to be loved</u> by you is my greatest happiness.
　능동　　　　　　수동　　　　　　- 능동태와 수동태
(당신을 사랑하는 것과 당신이 나를 사랑하는 것이 나의 최고의 행복이다.)

2) 시제

단순 부정사인 경우 부정사의 시제는 본동사와 같음.
완료 부정사인 경우 부정사의 시제는 본동사보다 앞선다.

단순형　She seem<u>s</u> <u>to be</u> rich. (그녀는 (현재) 부자처럼 보인다.)
　　　　　(=It seem<u>s</u> that she <u>is</u> rich.)
　　　　　* seems가 현재라서 to be도 현재 임.

완료형　She seem<u>s</u> <u>to have</u> been rich.
　　　　　(그녀는 부자였던 것(과거)처럼 보인다.)
　　　　　(=It seem<u>s</u> that she <u>was</u>(or has been) rich.)
　　　　　* seems는 현재이고 to have been은 완료로 seems보다 과거 임.

단순형　She seem<u>ed</u> <u>to be</u> rich. (그녀는(과거 그 당시) 부자처럼 보였다.)
　　　　　(=It seem<u>ed</u> that she <u>was</u> rich.)

완료형　She seem<u>ed</u> <u>to have been</u> rich.
　　　　　(=It seem<u>ed</u> that she <u>had been</u> rich.)
　　　　　(그녀는 부자였던 것(대과거)처럼 보였다.)
　　　　　* 그러나 미래의 의미가 있는 동사 expect, hope, want, wish 등 다음에 오는
　　　　　　부정사 시제는 미래를 나타낸다.

He hopes to succeed. (그는 성공하길 바란다.)
(=He hopes (that) he will succeed.)
I expect you to pass the test. (나는 네가 그 시험에 합격하길 기대한다.)
(=I expect that you will pass the test.)

2. 분사 (Participle)

분사는 동사와 형용사의 성질을 함께 가지고 있으며 현재분사(Present Participle)와 과거분사(Past Participle)가 있다. 현재분사는 「동사원형 + ing」이고 과거분사는 「동사원형 + ed」의 규칙동사형과 불규칙동사형이 있다. 동사적 용법은 be나 have와 결합해서 진행형·수동태·완료형을 만들고 형용사 용법의 분사는 명사·대명사를 수식하거나 보어로 기능을 한다. 또 분사구문 에서는 부사의 기능을 한다.

> [주의] 현재분사와 동명사의 형태가 같아 오해하기 쉬우나 그 기능은 전혀 다르다. 현재분사는 동사와 형용사·부사 기능을, 동명사는 동사의 성질을 지닌 명사의 기능을 한다.

| 분사의 특징 |

동사적 성질	① 목적어·보어를 갖는다.
	② 부사구에 의해 수식·한정된다.
	③ 진행형·수동태·완료형·완료진행형을 만든다.
형용사적 성격	(대)명사를 한정적/서술적(보어)으로 수식한다.
부사적 성격	분사구문을 만들어 대부분 부사구의 구실을 한다.

1) 분사의 동사적 성질

a) 진행형 : be + 현재분사

He is sleeping. (그는 자고 있다.)
    현재분사
If a dog is always barking, don't beat him. Talk to him.
            현재분사
(개가 항상 짖는다면 때리지 마. 말을 걸어.)

b) 수동태 – be + (타동사) 과거분사

He <u>is respected</u> by all the members of the club.
(그는 그 클럽의 모든 회원들에 의해 존경 받는다.)
The door <u>was broken</u> down by him. (그 문은 그에 의해 부서졌다.)

c) 완료형 – have + 과거분사

I <u>have</u> never <u>heard</u> of such a thing.
(나는 그런 것을 들어 본 적이 없다.)
I <u>haven't danced</u> a step in the years.
(나는 수 년 동안 춤을 춰 본 적이 없다.)

2) 분사의 형용사적 성격

a) 한정적 용법 – 명사·대명사를 직접수식

① (대)명사 앞에 놓이는 경우

<u>Barking</u> <u>dogs</u> seldom bite. (짖는 개들은 거의 물지 않는다.)
현재분사 명사

The ground was covered with <u>fallen</u> <u>leaves</u>.
과거분사 명사

(땅은 떨어진 낙엽으로 덮였다.)

② (대)명사 뒤에 놓이는 경우

Look at that <u>baby</u> <u>sleeping</u> in the cradle.
명사   현재분사
(요람 안에서 자고 있는 저 애기를 봐.)
This is <u>a play</u> <u>written</u> by Shakespeare.
명사   과거분사   (이것은 셰익스피어에 의해 쓰여진 연극이다.)

* 현재분사 형용사는 능동의 의미이고 과거분사 형용사는 수동의 의미를 갖는다.

b) 서술적 용법 – 주격보어와 목적격 보어로서의 분사

① 주격보어 : ~ 하면서, ~ 하여

He <u>came</u> <u>running</u>. (그는 달려서 왔다.)
현재분사

He sat underline{surrounded} by his friends.
        과거분사
(그는 친구들에 의해 둘러 싸여 앉았다.)
* come, go, lie, sit, stand 등 뒤에 분사가 온다.

② 목적격 보어

I saw him running. (나는 그가 달리는 것을 보았다.)
        현재분사
I heard my name called. (나는 내 이름이 불리는 소리를 들었다.)
        과거분사

* 현재분사를 목적격보어로 하는 동사 : fill, find, have, hear, keep, leave, notice, see, watch

* 과거분사를 목적격보어로 하는 동사 : feel, find, get, have, hear, make, see, want, wish

분사구문(Participial Construction)

1) 분사구문의 형태 – 동사 + ing

분사가 중심이 되어 주절 전체를 부사적으로 수식하는 구, 즉 부사절이 부사구가 되는 형식을 분사구문이라 한다.

2) 분사구문의 종류

a) 일반 분사구문 – 주절의 주어와 종속절(부사절)의 주어가 같을 때

Arriving at the station, he found that the train had already started. (=When he arrived at the station, he found the train had already started.) (역에 도착하니 기차가 이미 출발해 버렸다는 것을 그는 알았다.)
* 분사구문의 주어는 주절의 he와 일치함.
Not knowing what to do, he asked me for help.
(어찌할 바를 몰라 나에게 도움을 청했다.)

* 분사구문의 주어는 주절의 he와 일치함.

b) 독립 분사구문 - 주절의 주어와 종속절의 주어가 다를 때

My mother being sick, I can't go out.
(=As my mother is sick, I can't go out.)
(엄마가 아파서 나는 외출을 할 수 없다.)
* 분사구분의 주어는 my mother이고 주절의 주어는 I임. My mother를 의미상 주어로 그대로 표시한다.

He talked on and on, the audience beginning to feel bored.
(그가 계속 말을 해 청중이 실증을 느끼기 시작했다.)
* 분사구문의 주어는 the audience이고 주절의 주어는 He임.

c) 무인칭 독립 분사구문 - 부사절의 주어가 we, you, they로 막연한 경우

Judging from his accent, he seems to be an American.
(=If we judge from his accent, he seems to be an American.)
(그의 억양으로 보아 그는 미국사람인 듯하다.)
Talking of traveling, have you ever been to Seoul?
(여행에 관한 이야기라면 서울에 간 적이 있어요?)

3) 분사구문이 나타내는 의미

a) 때 - when, while, after, as 등

Entering the room, he found a stranger waiting for him.
(=When he entered the room, he found ~.)
(방에 들어갔을 때, 어떤 낯선 사람이 그를 기다리고 있는 것을 알았다.)
Walking along the street, I met an old friend of mine.
(=While I was walking along the street, I met ~)
(내가 길을 따라 걷고 있을 때 내 오랜 친구를 만났다.)

b) 원인(이유) - as, since, because 등

Living in a remote village, he has few visitors.
(=As he lives in a remote village, he ~)
(그는 외딴 마을에 살고 있어서 방문객이 거의 없다.)

Having failed twice, he didn't want to try again.
(=As he had failed twice, he didn't ~)
(두 번이나 실패했기 때문에 그는 다시 시도하고 싶지 않았다.)

c) 조건 – if, unless 등

Turning to the left, you will see the bus stop.
(=If you turn to the left, you will ~)
(당신이 왼쪽으로 돌면 버스정류장이 보일 것입니다.)
Some books, (being) read carelessly, will do more harm than good.
(=Some books, if they are read carelessly, will do ~)
(부주의 하게 읽으면 어떤 책은 이점보다 해로운 게 더 많을 거다.)

d) 양보 – though, although 등

Admitting what you say, I still think you are wrong.
(=Though I admit what you say, I still ~)
(설사 당신이 말한 것을 인정한다 해도 나는 여전히 당신이 잘못이라고 생각합니다.)
Living next door, I seldom see him.
(이웃에 산다고는 하지만 나는 그를 보는 일이 거의 없다.)

e) 부대상황 – as, ~ and (~ 하면서, 그리고 또)

Drinking a glass of wine, father watched television.
(=As father was drinking a glass of wine, he ~)
(아버지는 와인을 마시면서 텔레비전을 보고 계셨다.)
They walked along, singing merrily.
(그들은 즐겁게 노래 부르며 걷고 있었다.)

4) being이 생략되는 경우

a) 분사구문이 진행형 일 때

Walking along the street, I met her.
(=When I was walking along the street, I met ~)
(길을 따라 걷고 있을 때 그녀를 만났다.)

Living alone, she needed only a few rooms.
(=As she was living alone, she needed ~)
(혼자 살고 있었으므로 두 세 개의 방이면 충분했다.)

b) 과거분사로 시작되는 분사구문일 때 (being, having been 생략됨)

① being 생략(수동형 분사구문일 때)

Written in simple English, the book is easy to read.
(=As the book is written in simple English, the book is~)
(그 책은 쉬운 영어로 쓰여 있기 때문에 읽기가 쉽다.)
Wounded in the leg, he could hardly walk.
(=As he was wounded in the leg ~)
(다리에 부상을 입었기 때문에 거의 걸을 수 가 없었다.)

② having been 생략(완료 수동형 분사구문일 때)

Defeated many times, they ran away.
(= As(After) they had been defeated many times, they ran~)
(그들은 여러 번 패했기 때문에 달아났다.)
Born in America, he could speak English fluently.
(=As he had been born in America, he could ~)
(그는 미국에서 태어났기 때문에 영어를 유창하게 말 할 수 있었다.)

5) 분사구문의 위치

a) 문두에 오는 경우

Seeing me, the boy ran away. (나를 보자 그 소년은 달아났다.)
While reading, I fell asleep. (책을 읽다가 잠이 들었다.)
(=While I was reading, I ~)
* 간혹 문장 뜻을 명확히 하기 위하여 접속사를 그대로 두기도 함.

b) 문장 중간에 오는 경우

The boy, seeing me, ran away. (나를 보자 그 소년은 달아났다.)
Her husband, having failed to obtain promotion, was retired at the age of 50. (그녀의 남편은 승진할 기회를 놓쳐 50세에 은퇴했다.)

c) 문장 끝에 오는 경우

> The boy ran away, seeing me. (나를 보자 그 소년은 달아났다.)
> He was a thorough bookworm, often sitting up late at night studying accounts of various experiments. (그는 철저한 책벌레로서, 여러 가지 실험 기록을 조사하면서 밤늦게까지 앉아있는 일이 흔히 있었다.)

분사구문은 흔히 문장 첫머리에 오지만 문장 중간이나 문장 끝에 오는 경우도 흔하다. 그런데 문장 중간이나 문장 끝에 오면 이 위치는 '관계대명사 + be' 가 생략되어 현재분사가 형용사로 오는 자리이기도 하다. 그 차이는 '동사 + ing'가 주어가 하는 것이면 분사구문 부사이고 선행사가 '동사 + ing'하면 현재분사 · 형용사이다.

| 분사구문과 현재분사의 차이 |

분사구문

> The children came out of every house, shouting and running.
> (어느 집에서나 아이들이 소리치면서 뛰어 나왔다.)
> * shouting 하고 running 하는 것은 주어인 children이다.

현재분사

> She looks at the boy (who is) sleeping under the tree.
> (그녀는 나무 밑에서 자고 있는 소년을 보았다.)
> * sleeping 하는 사람은 주어인 she가 아니라 선행사 boy이다.

| 분사구문의 시제 |

분사의 시제는
  단순형 : 동사 + ing – 주절의 동사 시제와 일치
  완료형 : have + 과거분사 – 주절의 동사 시제보다 앞선 시제

〈 단순형 〉

> Living in the country, he seems to be healthy.
> (=As he lives in the country, he seems to be healthy.)
> (그는 시골에서 살고 있기 때문에 건강한 듯 보인다.)

* living은 주절의 seems 현재와 같은 시제임.

<u>Living in the country</u>, he seemed to be healthy.

(=<u>As he lived</u> in the country, he seemed to be healthy.)

(그는 시골에서 살기 때문에 건강한 듯 보였다.)

* living은 주절의 seemed 와 같은 과거 시제임.

* 같은 living의 분사 구분이라 해도 주절의 시제를 잘 봐야 한다.

〈 완료형 〉

<u>Having done the work</u>, I <u>have</u> nothing more to do.

(=As I <u>have done</u> the work, I <u>have</u> nothing more to do.)

(나는 작업을 끝냈기 때문에 더 할 일이 없어.)

* 주절의 have 보다 작업 끝난 것이 먼저이므로 완료를 씀.

* 주절이 현재라서 현재 완료형을 씀.

<u>Having finished my work</u>, I <u>had</u> nothing more to do.

(=As I <u>had finished</u> my work, I <u>had</u> nothing more to do.)

(나는 일을 마쳤기 때문에 더 할 일이 없었다.)

* 주절의 had(과거) 보다 앞선 시제는 과거완료형이다.

| 과거분사의 용법 |

1) 수동태 형성 : be + 과거분사

The baby <u>was saved</u> by a fireman. (그 아기는 소방관에 의해 구조되었다.)

He <u>was scolded</u> by a policeman. (그는 경찰관에게 야단맞았다.)

2) 완료형 형성 : have + 과거분사

He <u>has gone</u> to the US. (그는 미국으로 가 버렸다.)

I asked him if he <u>had</u> ever <u>seen</u> a whale blowing. (나는 고래가 물보라를 뿜어내고 있는 것을 본 적이 있느냐고 그에게 물었다.)

3) 명사적 용법 : the + 과거분사 – 사람·물건을 지칭함

<u>The deceased</u> was seventy years of age.
  The + 과거분사   (고인은 70세였다.)

> Adventure allows <u>the unexpected</u> to happen to us.
>   the + 과거분사
> (모험은 우리들에게 생각지도 않는 일을 발생하게 한다.)

4) 형용사적 용법

a) 한정적 용법 – 직접적으로 명사 수식

〈명사 앞에서〉

> He was arrested for <u>drunken driving</u>.
>   명사
> (그는 음주 운전으로 체포 되었다.)
>
> Walking is natural, but love of walking is an <u>acquired taste</u>.
>   명사
> (걷는 다는 것은 선척적인 것이지만, 걷기를 좋아한다는 것은 후천적인 취미다.)

〈명사 뒤에서〉

> I received <u>a letter written</u> in English.
>   명사   (나는 영어로 쓰인 한 통의 편지를 받았다.)
>
> He dropped to the ground like <u>a man shot</u>.
>   명사
> (그는 총 맞은 사람처럼 땅바닥에 쓰러졌다.)

b) 서술적 용법 – 주격보어, 목적격 보어로 쓰인다

① 주격보어

> He remained <u>undisturbed</u>. (그는 여전히 평온했다.)
>   주/보
>
> She felt <u>hurt</u> at his words. (그녀는 그의 말에 기분이 상했다.)
>   주/보
>
> * 동사는 appear, feel, lie, remain

② 목적격 보어

지각동사 : see, hear, feel, notice

> I never heard <u>my name called</u>.
>   목/보
> (나는 내 이름이 호명되는 것을 듣지 못했다.)

He felt his eyes dazzled by a blaze of light.
　　　　　　　목/보　　　　　　(그는 섬광 때문에 눈이 부셨다.)

사역동사 : make, have, let, bid
그 외 동사 : get, help

I had my watch stolen. (나는 시계를 도난당했다.)
He got his wrist dislocated. (그는 손목을 삐었다.)

5) **부사적 용법** – being, having been 이 생략되어 과거분사만 남는다.

a) 일반 분사구문 – 종속절의 '접속사 + 주어 + be'가 생략된 것으로 간주된다.

Her mother, though often discouraged, still had a hope for success.
(그녀의 어머니는 종종 낙심했으나, 여전히 성공의 희망을 갖고 있었다.)

These dogs, trained properly, will be able to do a lot of tricks.
(=if they are trained properly.)
(이 개들은 적절히 훈련 받으면 여러 가지 재주를 부릴 수 있을 것이다.)

b) 독립 분사구문 – 종속절의 주어와 주절의 주어가 달라 종속절의 주어가 남아있다.

Her work done, she sat down for a cup of coffee.
(=Her work being done,) (일이 끝나자 그녀는 앉아서 커피를 마셨다.)

They will send you the book for $5, postage included.
(송달료를 포함하여 5달러로 그 책을 당신에게 보내려고 합니다.)

3. 동명사 (Gerund)

동명사는「동사 + ing」의 형태로 동사의 성질을 지닌 채 '명사'의 기능을 한다. 현재분사의 형태도 '동사 + ing'이므로 동명사와 같으나 현재분사는 동사의 성질을 지닌 채 '동사, 형용사, 부사'의 기능을 한다.

| 동명사의 용법 |

1) **명사적 기능** – 주어 · 보어 · 타동사/전치사의 목적어가 된다.

a) 주어

Sleeping is necessary to us all. (잠자는 것은 우리 모두에게 필요하다.)
주어

* sleeping은 is의 주어 임.

My child's <u>being</u> ill worries me very much.
　　　　　　주어
(우리 아기가 아픈 것이 나에게 아주 큰 걱정거리이다.)

* child's는 child의 소유격으로 뒤에 명사로 동명사가 왔다.

b) 보어

His latest hobby is <u>collecting</u> seaweed.
　　　　　　　　　　　주/보　　　(그의 최근 취미는 해초 수집이다.)

* 주어인 취미와 해초 수집은 같은 것이어서 동명사가 보어이다.

My favorite exercise is <u>playing</u> golf.
　　　　　　　　　　　주/보
(내가 좋아하는 운동은 골프 치는 것이다.)

* 주어인 운동과 골프 치는 것이 같아서 동명사가 보어이다

c) 목적어

① 타동사의 목적어

I don't like <u>wearing</u> this tie. (나는 이 타이 매는 것을 싫어한다.)
　　　　　　　목

Most women enjoy <u>chattering</u>.
　　　　　　　　　　목　(대부분의 여자들은 잡담하기를 좋아한다.)

② 전치사의 목적어

I am very fond of <u>listening</u> to music.
　　　　　　　　　　목　　(나는 음악듣기를 아주 좋아한다.)

He left without <u>saying</u> anything.
　　　　　　　　　목　　(그는 아무것도 말 하지 않고 떠났다.)

2) **동사의 성질** - 수동태와 완료형이 있다

a) 수동태 - being + 과거분사

He hates <u>being helped</u>. (그는 도움 받기를 싫어한다.)
　　　　　　수동태

The safe showed no sign of <u>having been touched</u>.
　　　　　　　　　　　　　　　　완료형 수동태

(그 금고는 손을 댄 흔적이 없었다.)

b) 완료형 – having + 과거분사

The witness denied having seen the accused.
(증인은 피고를 만났던 것을 부인했다.)
* 부인한 것보다 만난 것이 더 과거 임.

I remember having seen him once.
(나는 그를 한 번 만났던 것을 기억한다.)
* remember는 현재이고 과거에 발생한(=having seen)을 기억한다.

c) 부사의 수식을 받는다

He is not interested in dancing professionally.
                                  동명사   부사
(그는 춤을 직업으로 추는 것은 관심이 없다.)

3) 그 밖의 동명사 특징

a) 복수형을 만든다

Their comings and goings were frequent.
(그들의 왕래가 빈번했다.)
* coming과 going은 주어인 명사이므로 복수 가능.

Some people read only for reading's sake.
                                 소유격
(어떤 사람들은 단지 책을 읽기 위해 책을 읽는다.)

b) 관사를 붙인다

I heard a knocking at the door.
(문을 두드리는 소리를 들었다.)

The singing of carols is an Christmas custom.
(캐롤을 부르는 것은 크리스마스의 관습이다.)

c) 형용사의 수식을 받는다

Loud talking is certainly out of place in library.
(큰 소리로 이야기 하는 것은 도서관에서는 확실히 부적당하다.)

He was awakened by an insistent tapping on the door.
(문에서 끈질기게 두드리는 소리에 잠이 깼다.)

d) 소유격의 수식어가 붙는다

> There is no chance of John's dropping in.
> (John이 잠깐 들릴 가능성은 없다.)
> Can it have anything to do with his not writing to me?
> (그것이 그가 내게 편지를 하지 않는 것과 어떤 관계가 있나요?)

| 동명사와 to 부정사의 목적어 비교 |

동사에 따라서 동명사만을 목적어로 하는 것과 부정사만을 목적어로 하는 것이 있고, 두 가지 모두 목적어로 하되 뜻이 동일한 것과 달라지는 동사가 있다.

1) 동명사만을 목적어로 하는 동사

admit, advise, avoid, delay, deny, enjoy, escape, excuse, finish, mention, mind, postpone, practice, understand

> You can hardly avoid meeting her if you both work in the same office. (둘이 같은 회사에서 일을 하고 있다면 그녀를 만나지 않을 수는 없을 것이다.)
> Please excuse my coming late. (늦어서 미안합니다.)

2) to 부정사만을 목적어로 하는 동사

agree, care, choose, decide, expect, fail, hope, learn, refuse, plan, promise, pretend, seek, want, wish 등 의도, 희망, 결심의 동사가 많다

> We agreed to go back. (우리는 돌아가기로 동의했다.)
> We are planning to visit Europe this summer.
> (이번 여름에 유럽 여행하기로 계획하고 있다.)

3) 동명사와 to 부정사 둘 다 목적어로 취하면서 의미 차이가 없는 동사

begin, continue, hate, like, love

> The baby began crying. = The baby began to cry.
> (아기가 울기 시작했다.)

I like to enjoy Saturday evenings, but I don't like staying up late.
(토요일 밤을 즐기는 것을 좋아 하지만 늦게까지 노는 것은 싫다.)

* 양쪽 다 쓰는 경우 대개 동명사는 일반적인 뜻이고 to 부정사는 제한적 뜻을 지닌다. 하지만, 현대 영어에서는 이런 차이가 명확하게 구분되어 쓰이지 않는다.

I like swimming but don't like to swim here.
(나는 수영하기를 좋아하지만 여기서는 수영하기 싫다.)

4) 동명사와 to 부정사 둘 다를 목적어로 취하면서 의미 차이가 있는 동사

forget, regret, remember, stop, try, want

I remember saying so. – 이미 한 일
(나는 그렇게 말한 것을 기억하고 있다.)

I remember to say so. – 앞으로 할 일
(나는 그렇게 말할 것을 기억하고 있다.)

He tried doing it. – 슬쩍 한 번 해보다
(그는 그것을 시험 삼아 해보았다.)

He tried to do it. – 노력하다
(그는 그것을 해보려고 노력했다.)

5) 동명사의 관용적 표현

– be busy ~ 동명사 – ~ 하느라 바쁘다

He is busy preparing for his homework.
(그는 숙제 하느라 바쁘다.)

She is busy at her desk correcting test papers.
(그녀는 책상에서 답안지를 채점하느라 바쁘다.)

– be worth ~ 동명사 – ~ 할 가치가 있다

This book is worth reading. (이 책은 읽을 가치가 있다.)

This life is really worth living. (이 인생은 진실로 살 가치가 있다.)

– cannot help ~ 동명사 – ~ 하지 않을 수 없다

I cannot help laughing. (나는 웃지 않을 수 없다.)

> We cannot help his resigning if he wants to.
> (그가 원한다면 그의 사임을 우리로서는 어찌할 도리가 없다.)

- feel like ~ 동명사 – ~ 하고 싶은 생각이 나다

> I don't feel like eating anything right now.
> (나는 지금 당장은 아무것도 먹고 싶지 않다.)
> I don't feel like studying tonight. (오늘 밤에는 공부하고 싶지 않다.)

- be far from ~ 동명사 – 결코 ~ 가 아니다

> I am far from blaming him. (나는 그를 결코 비난하지 않는다.)
> His explanation was far from being resonable.
> (그의 설명은 결코 합리적이지 않았다.)

- keep(prevent, prohibit, stop) + 목적어 + from ~ 동명사
  – 목적어에게 ~을 못하게 하다

> The snow kept me from coming here.
>   목
> (눈 때문에 나는 여기에 올 수 없었다.)
> We prevented the fire from spreading.
>   목
> (우리는 불이 번지지 못하게 막았다.)

- It is no use ~ 동명사 – ~ 해봐야 소용없다

> It is no use making an excuse for this.
> (그것에 대해 변명해도 소용없다.)
> It wasn't much use my pretending sickness.
> (꾀병 부려봐야 소용이 없었다.)

- On ~ 동명사 – ~ 하자 마자

> On hearing the sad news, she began to cry.
> (슬픈 소식을 듣자마자 그녀는 울기 시작했다.)
> On my entering the room, they stopped talking.
> (내가 방에 들어가자마자 그들은 이야기를 중단했다.)

> **동명사와 현재분사의 차이**
>
> 동명사 – 용도 · 목적
> 현재분사 – 동작 · 상태를 나타냄
>
>   a sleeping car = a car for sleeping in – 동명사(침대차)
>   a sleeping child = a child who is sleeping – 현재분사(잠자고 있는 어린이)
>   a running machine = a machine for running – 동명사(러닝머신)
>   a running man = a man who is running – 현재분사(달리고 있는 남자)

B. 구

전치사는 단독으로는 쓰이지 못하고 뒤에 명사 · 대명사 · 동명사 · 절 같은 명사상당어구를 목적어로 하여 '전 + 명 = 구'를 이루면서 명사 · 형용사 · 부사 구실을 하며 한 문장 안에 여러 개가 쓰일 수 있다. 다른 단어들과 마찬가지로 전치사 역시 동일한 형태의 전치사 한 개가 여러 개의 뜻을 가지고 있다. for 같은 경우 그 뜻이 20개가 넘어서 항상 주의가 필요하다.

1. 구 종류

구(Phrase)는 둘 이상의 단어가 모여 의미상의 한 단위를 이루는 어군으로 「주어+동사」의 형식을 갖추지 않고 단어 몇 개가 모인 어군을 말한다.

| 구의 종류와 기능 |

1) **대명사구**

    They love each other. (그들은 서로 사랑한다.)
    The boy and the flag man waved to one another.
    (소년과 기수는 서로 손을 흔들었다.)

2) **동사구**(구동사라고도 함)

    He ran fast to catch up with them.
    (그들을 따라잡기 위해 그는 빨리 달렸다.)

The break is over. <u>Get on with</u> your studies.
　　　　　　　　　　동사구
(휴식시간은 끝났어. 계속 공부 해.)

3) 전치사구

She spoke to the man <u>in front of</u> a fine sports car.
(그녀는 근사한 스포츠카 앞에 있는 사람에게 말을 했다.)
A voice was heard <u>from behind</u> the curtain.
(목소리가 커튼 뒤에서 들렸다.)

4) 접속사구(구접속사라고도 함)

He told her to go to the scene <u>in order that</u> she might see it for herself.
(그는 그녀에게 자신의 눈으로 확인하기 위해 현장으로 가라고 말했다.)
You can stay with us <u>as long as</u> you like.
(네가 좋아 하는 한 우리와 함께 머물 수 있어.)
* in order that 과 as long as 뒤에 '주어+동사'의 절이 있어 접속사구.

5) 감탄사구

<u>Good heavens</u>, how can you talk such nonsense!
(어머나, 너는 어떻게 그런 허튼소리를 말할 수 있어.)
<u>Well done!</u> son. (잘했어! 아들아.)
* 전치사 관련 더 자세한 내용은 전치사편에 있음.

2. 그 외의 전명구 사용법

1) 주어

<u>After lunch</u> is the best time to rest.
　전　　　명　　　(점심 먹은 후가 쉬기에 가장 좋은 시간이다.)
<u>Over the fence</u> is out of bounds. (울타리 너머는 출입금지다.)
　전　　　명
* '전 + 명 = 구'가 주어 자리에 있어 명사취급 하지만, 극히 제한적인 관용어구에 한함.

2) 형용사구

a) 한정형용사

Higher wages affect cost <u>of production</u> and then comes the reaction <u>of costs</u> on prices. 전 명(한정형용사)
  전 명(한정형용사)

(임금 인상은 생산가에 영향을 주고, 그에 대한 반응으로 물가에 끼쳐진 영향이 나타난다.)

* of production은 cost를 수식하고 of costs는 reaction을 수식하는 형용사구이다.

Excursions <u>into the literature</u> <u>of a foreign country</u> resemble our travel abroad.   전 명(한정형용사)   전 명(한정형용사)

(외국 문학을 읽고 즐기는 것은 외국 여행과 비슷한 것이다.)

* into the literature는 앞의 명사 excursions을 수식하고, of a foreign country는 앞의 the literature를 수식하는 한정 형용사이다.

b) 서술형용사

① 주격보어

She was <u>in perfect health</u>.(=healthy)
       전   명(주격보어)

(그녀는 아주 건강했다.)

The case is <u>of vital importance</u>.(=very important)
           전   명(주격보어)

(그 사례는 지극히 중요하다.)

* '전 + 명 = 구'가 be 동사 뒤에 보어자리에서 주어 상태를 설명한다.

* 'of + 명사'가 보어로 쓰일 때는 연령, 크기, 색채, 형상 등을 설명한다.

② 목적격보어

I found their marriage <u>on the rocks</u>.
                      전   명(목/보)

(나는 그들의 결혼생활이 위기에 처한 것을 알아 차렸다.)

* on the rocks - 위기에 처한

Make yourself <u>at home</u>.
              전 명(목/보)

(편하게 지내.)

3) 부사구

He solved the problem <u>with</u> <u>ease</u>.(=easily)
         전 명

(그는 쉽게 그 문제를 풀었다.)

* solve가 타동사이며 the problem이 목적어로 완벽한 문장. 따라서 with ease 는 부사임.

He took my umbrella <u>by</u> <u>mistake</u>.(mistakenly)
        전 명

(그는 실수로 내 우산을 가지고 갔다.)

* took가 타동사이며 my umbrella가 목적어로 완벽한 문장임. 따라서 by mistake는 부사임.

[주의] 전명구가 형용사구인지 부사구인지는 문장 속 위치에 달렸다.

The book <u>on the desk</u> is mine. (책상위에 있는 책은 내 책이다.)
    형용사구

* on the desk가 주어 뒤, is 앞에 있어 book을 수식함.

There is a book <u>on the desk</u>. (책상위에 한 권의 책이 있다.)
       부사구

* on the desk를 생략해도 There is a book. 으로 문장이 성립하므로 부사구임.

Some chairs <u>in the room</u> are broken. (방안에 있는 몇 개의 의자가 망가졌다.)
     형용사구

* in the room은 be 동사 앞에서 some chairs를 수식한다.

There are some chairs <u>in the room</u>. (방안에는 몇 개의 의자가 있다.)
        부사구

* in the room을 생략해도 There are some chairs. 로 문장이 성립하므로 부사구임.

Who is that girl <u>with a red cap on</u>? (빨간 모자 쓴 저 소녀는 누구니?)
      형용사구

* with a red cap on이 앞에 있는 명사 that girl을 수식하므로 형용사구임.

The girl came in <u>with a red cap on</u>.
       부사구

(빨간 모자를 쓴 채 한 소녀가 들어왔다.)

* with a red cap on을 생략해도 The girl came in. 으로 문장이 성립하므로 부사구임.

Chapter 4
전치사 (Preposition)

전치사는 언뜻 보면 다양하고 복잡해서 혼란스럽다. 그러나 그 성격, 구조와 쓰임새를 합리적으로 살펴보면 이해하기가 그리 어려운 것만은 아니다. 전치사는 particle(소사 또는 불변화사)의 일부로 관사, 접속사, 감탄사, 부사와 같이 어형 변화가 없으며 단독으로는 쓰이지 않고 다른 단어와 연결되어야 생명력을 갖는다. 주로 명사, 대명사, 명사 상당어구(to do, doing, 구, 절 등)의 앞에 놓여서 '전치사 + 명사' 꼴로 형용사, 부사의 역할을 한다. 또 하나의 큰 역할은 동사 뒤에서 동사와 연결되어 구동사(phrasal verb)가 되어 본래 동사의 의미는 사라지고 전혀 다른 의미의 동사가 된다. 영어에서 전치사의 숫자는 겨우 120여개에 불과하나 거의 모든 문장에서 적어도 1개 이상의 전치사가 쓰여 장소, 방법, 시간 등을 나타내기도 하고, 전치사 앞뒤에 쓰인 말들 간의 관계를 설명하면서 문장을 섬세하고 깊이 있게, 또한 감성적이며 논리적으로 만들어 정확한 정보를 제공하는 데 사용된다. 이렇게 중요한 전치사를 우리가 어려워하는 이유 중 한 가지는 위치 때문이다.

전치사의 위치가 명사 앞에 있어서 의미상 혼란스럽다. 전치사는 명사 앞에 오면서 한 단어로 십 여 개가 넘는 뜻을 갖는 경우도 있다. 예를 들어 'for you'를 보면, '너 때문에(이유, 원인)', '너를 위하여(이익, 목적)', '너 대신(대리, 대용, 대표)', '너를 지지하여(찬성, 지지)' 등 문맥에 따라 다양한 뜻으로 쓰이므로 이해하기가 쉽지 않다. 문장 전체 혹은 앞, 뒤 문장까지 살펴봐야 정확한 의미를 알 수 있다. 명사 뒤에서 '때문에', '~ 에게', '위하여', '~에서' 중 분명한 한 개의 뜻만 가지고 있으면 이해하기가 쉬울 것이다.

또한 전치사는 쓰임에 따라 전치사 외에 여러 개의 품사 역할을 한다. 예를 들어 as를 살펴보자.

as

a) 전치사 – ~ 로서

It can be used <u>as a knife</u>. (그건 칼 대용으로 쓰일 수 있다.)
　　　　　　　　　　명사

* 명사 앞에 있어 전치사다.

I attended the meeting <u>as an adviser</u>.
　　　　　　　　　　　　　　명사

(나는 고문으로서 회의에 참석했다.)

b) 접속사 – (~이 ~ 한(하는)) 것과 같이, ~ 대로, ~ 함에 따라

You may dance <u>as</u> you please. (네가 좋을 대로 춤춰도 돼.)

* 주어 + 동사 + as + 주어 + 동사로 두 문장 사이에서 접속사 구실을 한다.

<u>As we neared</u> the top of the mountain, it became difficult to
접　주　동
breathe. (산 정상에 가까워짐에 따라 호흡이 점점 어려워졌다.)

* as + 주어 + 동사 ~ , 주어 + 동사 구조임.

c) 부사 – ~ 와 같은 정도로, 마찬가지로

I love you <u>as</u>㉠ much <u>as</u>㉡ she does. (그녀만큼이나 나는 너를 사랑해.)
　　　　　부사　　　　접속사

* ㉠의 as는 부사 much를 수식하는 부사이고 ㉡의 as는 뒤에 주어+동사를 이어주는 접속사이다.

Please come home <u>as</u> quickly <u>as</u> possible.
　　　　　　　　　부사　　　　부사

(될 수 있는 대로 빨리 귀가하시오.)

d) 관계대명사(선행사 as, such, the same과 짝을 이루어) ~ 와 같은, ~ 하는 바의

<u>Such</u> men <u>as</u> heard him praised him.
접속사+주어(=관계대명사)

(그의 이야기를 들은 사람들은 그를 칭찬했다.)

* as는 '접속사 + 주어'로 관계대명사임.
* 한 개의 단어가 문장 속의 위치에 따라 품사가 결정된다. 즉, 한 개의 단어가 문장 속에서 사용된 위치를 알면 품사가 보인다.

He was a foreigner, as I knew from his accent.
(그는 외국인이었다. (그것은) 그의 말투로써 안 일이지만.)
* as는 두 문장을 연결하는 접속사와 knew의 목적어가 되어 관계대명사이다.

1. 전치사의 성격과 기능

전치사가 어려운 구체적인 이유를 살펴보자.

1) 전치사는 다양한 뜻을 갖는다.

한 개의 전치사가 문장에서의 쓰임에 따라 다양한 뜻을 지닌다. 현재 우리나라의 중3 영어교과서에도 한 개의 전치사가 지닌 다양한 뜻을 친절하고 상세히 설명해 준다. 그 중 한 예로 전치사 for를 살펴보자.

for

I have a special rule for travel : Never carry a map. 〈적합, 용도, 대상〉
(나는 여행에 맞는 특별한 한 가지 규칙을 가지고 있다. 즉 절대 지도를 휴대하지 않는다.)

I prepare to ask for direction. 〈목적, 목표, 의향〉
(나는 방향을 물어 볼 준비를 한다.)

In many places there are no towns or buildings for miles. 〈시간, 거리〉
(여러 곳에서 수 마일을 가는 동안 마을이나 건물들이 없다.)

Prices change for many reasons. 〈이유, 원인〉
(가격은 여러 가지 이유 때문에 변한다.)

Producers want higher prices for their goods. 〈교환, 등가〉
(생산업자들은 상품의 대가로 좀 더 높은 가격을 원한다.)
* for의 의미를 잘못 해석하면 의미가 왜곡될 수 있으므로 각각의 경우에 맞는 정확한 뜻을 사전에서 제대로 익혀서 사용해야 한다.

2) 전치사는 여러 개의 전치사가 같은 뜻을 갖기도 한다.

한 개의 전치사가 여러 뜻을 갖기도 하지만, 동시에 여러 개의 전치사가 동일한 뜻을 갖는 경우도 많다. 그렇지만, 동일한 뜻을 갖는 다른 전치사를 서로 바꾸어 쓸 수 있는 건 아니다.

시간에 관계되는 전치사
<u>in</u> the morning (아침에)
<u>at</u> three o'clock (3시에)
<u>on</u> the weekend (주말에)
<u>during</u> the vacation (휴가 중에)
* 전치사만으로 때, 장소, 원인, 이유, 목적, 수단, 방법, 행위자, 원료, 근원, 재료, 출처 등을 나타냄.

참고) 우리말의 단어와 단어의 연결은 조사와 어미변화에 따르는 후치사로 한다. 그리고 동사, 명사, 대명사, 형용사, 부사, 접속사가 모두 조사와 어미에 의해 관계를 나타낸다.

미나<u>가</u> 서울<u>에서</u> 잘 지내더냐?
나<u>는</u> 미나<u>를</u> 보기<u>위해</u> 서울<u>에</u> 갈 거야.
* 우리글은 짧은 문장 속에서도 조사와 어미가 많다.

현경이<u>는</u> 진수<u>를</u> 사랑한다. - 일반적인 언급
현경이<u>는</u> 진수<u>만을</u> 사랑한다. - 한 사람으로 한정해서 언급
회사<u>에</u> 들<u>어와서</u> 모른다. - 회사에 들어 왔기 때문에 모른다
회사<u>에</u> 들<u>어와서도</u> 모른다. - 회사에 들어오기 전에도 들어와서도 모른다
* 영어의 전치사만 까다로운 것이 아니라 우리의 후치사도 엄격하고 정확성을 요한다. 한 자 만 틀려도 다른 의미가 된다.

3) 동사 + 전치사 = 구동사(본래 동사의 뜻과 다름)

전치사에 동사가 연결되어 본래 동사의 뜻과 다른 여러 다양한 의미의 구동사로 변함. 이 현상은 동사에 부사가 결합될 때에도 발생함.

run for

- 출마하다

She first started her new life and <u>ran for</u> local office. (중3 교과서)
(그녀는 처음으로 그녀의 새로운 삶을 시작하고 지방 의회에 <u>출마했다</u>.)

go on

- on이 전치사 일 때

a) 여행 등을 가다

The theater company has just <u>gone on</u> tour.
(그 악극단은 순회공연을 막 떠났다.)

b) (유원지 따위에서 탈 것 등을) 타다

The children went to <u>go on</u> the wooden horse.
(어린이들이 목마를 타러 갔다.)

c) (시간·돈이) ~에 쓰이다

Half his fortune <u>went on</u> her, but still she refused to marry him.
(그의 재산의 절반을 그녀에게 썼는데 아직도 그녀는 그와 결혼하기를 거절했다.)

d) ~에 놓이다, (신발 등이) ~에 맞다

The big meat dish <u>goes on</u> the highest shelf.
(그 커다란 고기 요리는 가장 높은 선반에 놓여 있다.)

e) (활동을) 시작하다

I <u>go on</u> duty in half an hour.
(나는 30분 뒤에 근무를 시작한다.)

f) (약)을 먹기 시작하다

She doesn't want to <u>go on</u> the pill.
(그녀는 피임약을 먹고 싶어 하지 않는다.)

g) (말·증거 등)에 의거하다

You can't go on what he says, he's very untrustworthy.
(너는 그가 말한 것을 믿을 수 없어, 그는 전혀 신뢰할 수 없어.)

h) ~의 구조를 받다, 보살핌을 받다

He went on the parish.
(그는 교구의 구조를 받았다.)

* 하나의 구동사에도 뜻이 여러 가지여서 문맥의 앞, 뒤를 잘 살펴야 한다.

go on

– on이 부사일 때

a) (남보다) 앞서 가다

You go on, and I'll follow you in a few minutes.
(너 먼저가, 그러면 내가 몇 분 후에 따라갈게.)

b) (옷·신 따위)를 입다, 신을 수 있다, (옷, 신 등이) 맞다

No wonder this boot won't go on. I've been trying to put it on the wrong foot.
(이 부츠 안 맞는 것 이상할 것 없어, 반대 발에 신으려고 했거든.)

c) (~에 관해)이야기하다

The teacher went on and on about good behavior as usual.
(선생님은 언제나처럼 선행에 대해 이야기하셨다.)

d) (시간이)지나다

As the weeks went on, still no letter arrived.
(여러 주일이 지나갔는데 아직 편지는 도착하지 않았다.)

e) (행사·활동 등이) 행해지다, (사건이)생기다

There's a wedding going on at the church.
(교회에서 결혼식이 행해지고 있다.)

f) (전등이) 켜지다, (난방이) 작동하다, (수돗물이) 나오다

> The street lights go on when it gets dark, and go off at midnight.
> (어두워지면 가로등이 켜지고 한 밤중에는 꺼진다.)

g) (무대에) 등장하다

> I was so nervous when I went on.
> (무대에 등장할 때 나는 너무 불안했다.)

전치사·부사는 급격한 사회변화와 과학 발달에 의한 새로운 현상을 설명하기 위해 익숙한 기본 동사와 결합하여 새롭고 엉뚱한 의미의 동사를 무수히 탄생시킬 수 있다. 따라서 전치사·부사인 particle의 중요성이 가속화 되고 있다. 예를들면,

buy into : (일련의 생각을) 완전히 믿다

> I don't really buy into all that homeopathic medicine stuff.
> (나는 모든 동종요법의 의학원료를 완전히 믿지는 않는다.)

bliss out : 행복하다, (누구를) 행복하게 해주다

> They blissed out on music. (그들은 음악 때문에 행복했다.)

text back : (답으로) 메시지를 보내다

> I'll text you back when my meeting finishes.
> (회의가 끝날 때 너에게 메시지를 보낼게.)

bounce back : 되돌아오다

> I discovered that all e-mails yesterday have bounced back.
> (어제 보낸 모든 이메일이 되돌아 온 것을 발견했다.)

big up : 칭찬하다

> He bigged up the new film but when I actually saw it, I was really disappointed.
> (그는 새 영화를 칭찬했으나 내가 그 영화를 실제로 봤을 때 정말 실망했어.)

chill out : 침착하다

> <u>Chill out</u>! Life is too short to get so stressed!
> (침착해! 그렇게 스트레스 받기에는 인생이 너무 짧아!)

신문·방송 등 여러 매체들이 유연하고 단순한 언어를 선호한다.

hold out : 끝나다

> England <u>holds out</u> for a draw. (잉글랜드 팀은 무승부로 끝났다.)

cover-up : 은폐

> <u>Cover-up</u> raises fears over bird flu.
> (은폐가 조류독감에 대한 공포를 일으킨다.)

4) 구동사의 발달

구동사의 발달은 점점 일반화 되어 〈동사 + 전치사〉에서 〈동사 + 부사〉, 〈동사 + 부사 + 전치사〉로 이어지고 있다.

a) 동사 + 부사

give out : (체력이) 다하다, (엔진 따위가) 작동을 멈추다

> The fuse in plug will <u>give out</u> occasionally.
> (플러그 안에 있는 퓨즈는 가끔 끊어지곤 한다.)

b) 동사 + 부사 + 전치사

boil down to : (이야기·문제 등을) 요약해서 ~ 되다

> The whole matter <u>boils down to</u> a power struggle between the labor union and director.
> (모든 것을 요약하면 노동조합과 경영자들 간의 권력투쟁이라는 것이다.)

5) 전치사 + 명사 = 구

전치사 + 명사 = 구를 이루어 위치에 따라 형용사구, 부사구 역할을 한다. 전치사의 중요한 기능 중 한 가지는 전치사의 목적어인 '명사, 대명사'와 합쳐져 완전히 다른 품사로 쓰인다는 것이다.

형용사구

 The book is of no use to me. (이 책은 나에게 소용이 없다.)
 * is의 보어(형용사구) 〈of no use = useless〉
 * is의 보어로 주어의 상태를 설명하고 있음.

부사구

 He went out for a walk. (그는 산책하러 나갔다.)
 * went out이 자동사여서 for a walk는 부사
 * '전+명=구'가 형용사구인지 부사구인지는 문장 본동사와의 관계와 문장 속 위치에서 구분할 수 있다.

6) 전치사의 목적어

전치사의 목적어로 흔히 명사 · 대명사가 오지만 다음과 같이 다른 품사가 오는 경우도 있다.

a) 형용사의 경우

 Things went from bad to worse. (사태가 점점 악화 되었다.)
       형용사 형용사
 I tried in vain to open the box. (상자를 열려는 헛된 노력을 했다.)
    형용사
 * in general(일반적으로), for certain(확실히), of late(요즈음) 등 관용구가 있다.

b) 부사의 경우

 I was addressed by a stranger from behind.
             부사
 (뒤에서 어떤 낯선 사람이 나에게 말을 걸었다.)
 The truth will come out before long.
          부사
 (얼마 안 있어서 사실이 밝혀 질 것이다.)

c) 동명사의 경우

 He took a side job to add to his family income without complaining.
                   동명사
 (그는 가족의 수입을 도우려고 불평 없이 아르바이트를 했다.)

> They insisted <u>on</u> <u>my</u> <u>attending</u> the meeting.
> 　　　　　　　　　　동명사
> (그들은 내가 그 모임에 참석할 것을 주장했다.)

d) 부정사의 경우

> There was nothing for it <u>but</u> <u>to give up</u>. (단념하는 수밖에 없었다.)
> 　　　　　　　　　　　　　　to 부정사
>
> He was <u>about</u> <u>to leave</u> the house. (그는 집을 떠나려했다.)
> 　　　　　　　to 부정사

e) 명사절의 경우

> The suit is quite satisfactory, <u>except</u> <u>that the sleeves are a little too long</u>.
> 　　　　　　　　　　　　　　　　　　　　　　명사절
> (소매가 약간 긴 것을 제외하고는 이 옷은 아주 만족스럽다.)
>
> I do not deny <u>but</u> <u>that it is true</u>. (그것이 사실임을 부인할 수 없다.)
> 　　　　　　　　　　명사절

2. 전치사의 종류

1) 단순전치사

at, by, for, from, in, of, on, to, with 등

> I saw your mother <u>at</u> the supermarket.
> (나는 슈퍼마켓에서 너의 어머니를 봤어.)
>
> I always wear these shoes <u>with</u> this dress.
> (나는 항상 이 드레스와 맞춰 이 신발을 신어.)

2) 복합전치사 (두 단어가 합쳐서 한 단어 전치사로 쓰이는 것)

into, outside, upon, within, without 등

> He will come back to Korea within one month.
> (그는 한 달 이내로 한국으로 돌아올 것이다.)
>
> Her car has been broken <u>into</u> three times within a month.
> (그녀는 차를 한 달 동안에 세 번씩이나 고장 났다.)

3) 분사전치사

concerning, considering, expecting, including, regarding, notwithstanding, saving 등

We have several questions underline{concerning} the report.
(우리는 그 보고서에 관해 몇 가지 의문점을 가지고 있다.)
Notwithstanding the heat, he pushed the job through.
(더위에도 불구하고 그는 그 일을 해냈다.)

4) 구전치사(Phrasal Preposition)

according to, apart from, as to, by means of, in accordance with, in case of, in favor of, in spite of, in proportion to, out of

According to today's newspaper, there was a big earthquake in Japan yesterday.
(오늘 신문에 의하면, 어제 일본에서 큰 지진이 있었다.)
Thoughts are expressed by means of words.
(사상은 언어로써 표현된다.)

5) 이중전치사(두 개의 전치사가 나란히 쓰여 두 전치사의 뜻 모두를 해석해야 하는 것)

from among, from under, from behind, in between, over against, till after

You may choose on from among these apples.
(이 사과들 중에서 하나를 골라.)
He lives over against the church.
(그는 교회 바로 맞은 편에 산다.)

3. 전치사와 겹치는 다른 품사들

전치사가 어려운 이유는 한 개의 전치사가 동일한 형태로 부사, 접속사는 물론 여러 다른 품사로 쓰이기 때문이다. 한 개의 전치사가 동일한 형태로 여러 다른 품사로 사용되는 경우를 일괄적으로 나타내기 위해 도표로 정리를 했다. (도표에 품사 표시했음)

그런데 품사가 달라도 뜻이 같은 경우도 있고, 전혀 다른 뜻으로 쓰이는 경우도 있다.

다음 도표는 교과서에 흔히 나오는 전치사와 다른 품사들과의 관계를 표시한다.

	전치사	부사	접속사	형용사	자동사	타동사	명사	관계대명사	부정사	감탄사
above	○	○								
about	○	○				○				
after	○	○	○	○			○			
against	○		○							
amid	○									
among	○									
around	○	○								
as	○	○	○					○		
at	○									
before	○	○	○							
behind	○	○					○			
beneath	○	○								
below	○	○								
beside	○									
besides	○	○								
between	○	○								
beyond	○	○					○			
but	○	○	○				○	○		
by	○	○								
concerning	○			○						
considering	○	○	○							
down	○	○			○	○	○			
during	○									
except	○		○		○					
for	○		○							
from	○									
in	○	○		○			○			
including	○									
inside	○	○		○			○			
into	○									

	전치사	부사	접속사	형용사	자동사	타동사	명사	관계대명사	부정사	감탄사
like	○	○	○	○	○	○	○			
near	○	○		○	○	○				
next	○	○		○						
of	○									
off	○	○		○		○	○			
on	○	○		○			○			
on to	○									
out	○	○		○	○	○	○			○
outside	○	○		○			○			
out of	○									
over	○	○		○		○	○			
past	○	○		○						
regarding	○									
round	○	○		○	○	○	○			
saving	○	○	○	○			○			
since	○	○	○							
than	○		○							
through	○	○		○						
till	○		○							
to	○	○							○	
toward	○			○						
under	○	○		○						
unless	○		○							
unlike	○			○			○			
untill	○		○							
up	○	○		○		○	○			
upon	○									
with	○									
within	○	○					○			
without	○	○		○			○			

* 위의 도표는 단독으로는 쓰이지도 못하고 의미도 분명치 않은 전치사의 역할이 얼마나 복잡하고 다양한가를 보여주고 있다. 전치사는 명사 앞에 와서 전+명구를 이

루면 형용사·부사가 되고, 자동사 뒤에 와서 동사구가 되면 타동사가 되어 본래의 동사 뜻과는 전혀 다른 동사가 된다. 용법도 많고 뜻도 많은 전치사는 문장 속에서 하나의 Key word가 됨으로 놓쳐서는 절대 안 되는 단어이다.

〈 위 도표를 설명하면 〉

　　　after – 전치사, 부사, 접속사가 순서나 장소를 나타내어 「뒤에」의 의미이다.

　　　except – 전치사·접속사가 모두 「~을 제외하고」의 의미이다.

　　　since – 전치사·부사·접속사가 모두 「~이후로」의 의미이다.

　　　till – 전치사·접속사가 모두 「~까지」의 의미이다.

　　　about – 전치사·부사가 겹치는 뜻도 있으나 전치사에만 있는 뜻 「몸에 지니고, 종사하고」, 부사에만 있는 뜻 「여기저기, 빈둥빈둥」이 따로 있다.

　　　abroad – 부사만 있다.

　　　from 이나 of는 전치사만 있다.

　　　to – to 부정사(to+동사원형=to do)를 만드는 to와 전치사(to+명사) to가 있으나 to 부정사나 to가 전치사 일 때 모두 기능은 명사·형용사·부사 구실을 하고 있어 특별한 주의가 필요하다.

　　* Michael MaCathy와 Felicity O'Dell은 English Phrasal Verb in USE 에서 특히 구동사에서 중요한 about, a(round), at, away, back, down, for, in, into, off, on, out, over, through, to, up 등에 역점을 두고 있다.

4. 전치사의 쓰임

　　때 : at, in, on, within, after, till, by, since, from, for, during, through

　　장소 : at, in, on, beneath, over, under, above, below, up, down, off, past, round, around, into, out of, to, for, toward, by, beside, inside, with, from

　　원인·이유 : because of, owing to, due to, on account of, from, out of, for, with, on, at, in, with

목적 : for, after, on

결과 : to, into

수단·방법·행위자 : by, with, through

원료·재료 : of, from, into, out of

근원·출처 : of, from

조건·상태·상황 : in, out of, on, at, under, to, into

제외 : with, except, besides

양태 : as, in, with

분리·제거·격리·구별 : of, off, from, beside

관련 : about, of, on

교환·가치 : for, at

정도·단위 : at, by

부대상황 : with

도구 : with

교통수단 : by, in, on

대상·관여 : with

비교·대조 : to, with, against

찬성·반대 : for, against

* 한 개의 전치사가 여러 가지 쓰임새로 이용 된다.

5. 전치사·부사의 아름다움

주어 1개 + 동사 1개의 단문이라도 적절한 전치사 · 부사가 더 해지면 문장은 간결하면서 아름답고 생동감이 넘쳐 감정을 강력하게 표현된다. 그 대표적인 인물이 노벨상 작가인 Ernest Hemingway(1899~1961)로 그의 유명한 소설 "The Sun Also Rises(태양은 다시 떠오른다)"에서 볼 수 있다.

The driver started up the street. I settled back. Brett moved close to me. We sat close against each other. I put my arm around her and she rested against me comfortably. It was very hot and bright and the houses looked sharply white. We turned out onto the Gran Via. "Oh, Jake." Brett said, "We could have had such a damned good time together." Ahead was a mounted policeman in Khaki directing traffic. He raised his baton. The car slowed suddenly pressing Brett against me.

(운전자는 도로 쪽으로 갑자기 출발했다. 나는 등을 기대고 편히 앉았다. 브렛은 나에게로 바짝 다가왔다. 우리는 서로 의지하며 가까이 앉았다. 나는 팔로 그녀를 껴안았고, 그녀는 나에게 기대어 편히 쉬었다. 날씨는 매우 덥고 화창했다. 그리고 건물은 눈부시게 희었다. 우리는 그랜비아 쪽으로 방향을 돌렸다. "오, 제이크, 우리는 정말로 즐거운 시간을 같이 보낼 수 있었는데" 브렛이 말했다. 저 앞에는 카키색 옷을 입고 교통정리를 하면서 말을 탄 경찰이 있었다. 그 경찰이 경찰봉을 올렸다. 자동차가 갑자기 브렛을 나에게 밀어 재끼며 속도를 줄였다.)

Chapter 5
接続詞 (Conjunction)

접속사는 문장 속에서 단어와 단어, 구와 구, 절과 절을 연결하며 〈등위접속사와 종속접속사〉가 있다. 등위접속사는 문법상 대등관계에 있는 단어, 구, 절을 연결하고 and, but, or, for, so, yet이 있다. 종속접속사는 종속절의 일부로서 전체적으로 명사절 또는 부사절을 이끈다. that, when, if, though, as 등이 있으며 접속사 때문에 문장이 길어지고 섬세하고 화려하고 논리성이 더 부가된다. 엉뚱한 단어들 -once, providing, supposing 등-이 접속사로 쓰이기도 한다. 종속접속사는 두 문장을 연결하는 품사이고 종속접속사의 위치는 거의 모든 경우에 종속절의 맨 앞에 쓰인다.

종속접속사의 위치:

〈주어 + 동사 + 종속접속사 + 주어 + 동사〉
〈종속접속사 + 주어 + 동사, 주어 + 동사〉

접속사

기능상 분류:

등위접속사 – 단어·구·절을 연결해준다
종속접속사 – 종속절을 주절에 이어 준다

형태상 분류:

단순접속사 – 한 단어로 된 것
구접속사 – 두 개 이상의 단어가 모여 하나의 접속사 구실을 하는 것
상관접속사 – 문장 속에서 다른 어구와 연관되어 쓰이는 것

1. 등위 접속사

낱말과 낱말, 구와 구, 절과 절 등 문법상 대등한 것을 연결하는 접속사(and, but, or, for, so, yet 등)

and

a) (나란히 단어 · 구 · 절을 이어서) ~ 와, 그리고

<u>Tom</u> and <u>John</u> help each other with hard problems.
　단어　　　단어
(Tom과 John은 어려운 문제 해결을 위해 서로 도움을 준다.)

Are you <u>for the plan</u> or <u>against it</u>?
　　　　　구　　　　　구
(계획에 찬성이십니까? 반대십니까?)

<u>He waved a flag</u>, and <u>the train began to start</u>.
　　　절　　　　　　　　　절
(그가 깃발을 흔들자, 기차는 떠나기 시작했다.)

b) (명령문 and) ~ 해라, 그러면 〈긍정적 내용〉

<u>Study hard,</u> and <u>you will master English</u>.
　　절　　　　　　절
(열심히 공부해라, 그러면 너는 영어를 잘하게 될 거다.)

<u>Push the botton</u>, and <u>the door will open</u>.
　　절　　　　　　　절
(단추를 눌러라, 그러면 문이 열릴 거다.)

c) (앞에 온 형용사를 부사화 하여 강조)

It is <u>nice</u> and <u>warm</u> today.
　　　형용사　　형용사
(오늘 날씨가 매우 따뜻하구나.)

I felt <u>good</u> and <u>tired</u> yesterday.
　　　형용사　　형용사
(나는 어제 매우 피곤했다.)

* 「nice/good/fine + and 형용사 = very + 형용사」 앞에 쓰인 형용사는 해석하지 않고 뒤에 쓰인 형용사를 강조하는 역할만 함.

d) (동일인 표시 · 하나로 된 것) ~인 동시에, ~인

He is a poet and teacher. (그는 시인이자 선생님이시다.)

He has a watch and chain. (그는 줄 달린 시계를 가지고 있다.)

* 관사 a에 주의 할 것, 관사 한 개가 명사 두 개를 연결하고 있어 명사(시인, 시계)는 하나다.

e) (이유 · 결과) 그래서, 그러자

He is very kind, and I like him very much.
(그는 매우 친절해서, 나는 그를 매우 좋아한다.)

He began to speak, and all were silent.
(그가 말하기 시작하자 모두 조용해 졌다.)

* and의 뜻이 「그리고」, 「~와」 외에 다양하게 있는 것에 주의 할 것.

but

a) (앞 문장 · 어구와 반대 또는 대조의 뜻을 갖는 대등 관계의 문장 · 어구를 이어서)

그러나, 하지만, 그렇지만

She is poor, but always cheerful. (그녀는 가난하지만 항상 명랑하다.)
　　　　형용사　　　　　　형용사

He works slowly but accurately.
　　　　　부사　　　부사

(그는 일을 더디게 하지만 정확하게 한다.)

b) (앞에 부정어가 있을 때) ~이 아니고 ~이다, ~하지는 않지만 ~하다

He is not a poet, but a novelist. (그는 시인이 아니라 소설가이다.)

He is not young but he is very strong.

(그는 젊지는 않지만 몹시 튼튼하다.)

or

a) (선택) 혹은, 또는, ~이나

Which do you like better, spring or summer?

(너는 봄 또는 여름, 어느 쪽을 더 좋아하니?)

Are you coming or not?
(너는 올 건가 안 올 건가?)

b) (명령문 뒤에서) 그렇지 않으면 〈부정적 내용〉

Hurry up, or you'll miss the train.
(서둘러라, 그렇지 않으면 기차를 놓칠 거야.)
We must (either) work or (else) starve.
(일하지 않으면 굶어 죽을 도리 밖에는 없다.)

c) (콤마 뒤에서 환언·설명·정정·보완) 즉, 바꾸어 말하면

This weighs 10 pounds, or about 4.5kg.
(이것은 무게가 10파운드 나간다, 즉 약 4.5kg 이다.)
They are free, or at least they seem to be free.
(그들은 자유다, 아니 적어도 자유로운 것 같다.)

for

(앞말에 대한 부가적 설명이나 이유를 나타내어) 왜냐하면, ~ 하니까, ~ 한 걸보니

He must be ill, for he looks pale.
(그는 틀림없이 아파, 왜냐하면 얼굴이 창백해 보여.)
I know he is reliable, for I have traded with him for years.
(그를 신뢰할 수 있는 걸 알아, 그 이유는 오랫동안 그와 거래해 왔기 때문이야.)

so

(결과 표시) 그러므로 〈so 앞에 콤마가 있음〉

He didn't want to make her unhappy, so he told a white lie.
(그는 그녀를 슬프게 하고 싶지 않았기 때문에 마음에도 없는 거짓말을 했다.)
He is still young, so he can work. (그는 아직도 젊어서, 일을 할 수 있다.)

yet

그럼에도(불구하고), 그런대로 ~하나, ~ 하지만

97

It is good, yet it could be improved.
(그것은 그런대로 좋으나 더 개선할 수 있을 거야.)
It rained, yet he went out again.
(비가 왔다, 그럼에도 그는 다시 외출했다.)

2. 종속접속사

종속접속사는 명사절 · 부사절을 이끈다.

1) 종속접속사가 이끄는 절

a) 명사절

명사절을 이끄는 종속접속사 : that, what, whether, if

① 주어

That he doesn't want to see us is quite obvious.
　　　　주어
(그가 우리를 보고 싶어 하지 않는 것은 아주 명백하다.)
* that절이 is의 주어로 명사절

Whether she likes it is what I want to know most.
　　　　주어
(그녀가 그것을 좋아 하느냐 아니냐는 내가 제일 알고 싶은 것이다.)
* whether절이 is의 주어로 명사절

It is perfectly certain that theoretically all diseases are preventible.
가주어　　　　　　　　　　　　　　　진주어
(이론적으로 모든 질병이 예방가능하다는 것은 완전히 확실하다.)

이 외에도 의문사, 관계부사, 복합관계사가 명사절을 유도할 수 있다.

〈 의문사 〉

Who will be elected can't be foreseen.
　　　　주어
(누가 당선 될 것인가는 예측할 수 없다.)

I don't know who he is. (나는 그가 누구인지 모른다.)
　　　　　　목적어
* know 타동사의 목적어로 명사절임.

〈 관계부사 〉 – when, where, why가 이끄는 절 앞의 선행사가 생략되면 명사절이 된다.

Let me know when he will start. (그가 출발 할 시간을 내게 알려줘.)
                   목적어

* when절이 타동사 know의 목적어로 명사절임.

This is why he is so angry. (이것이 그가 그렇게 화 낸 이유이다.)
          보어

* why절이 be동사의 보어로 명사절임.

〈 복합관계사 〉

Whatever he says is true. (그가 하는 말은 무엇이나 사실이다.)
    주어

Take whichever you want. (어느 것이든 네가 원하는 것을 가져라.)
* take의 목적어로 명사절임.

② 보어

The fact is that he is a little lazy.
             보어

(사실은 그가 약간 게으르다는 것이다.)

The question is whether he will come.
                보어

(문제는 그가 올 건지 안 올 건지이다.)

* that절과 whether절은 is의 보어인 명사절임.

③ 타동사의 목적어

I don't know whether it's true or not.
      타동사   목적어

(그것이 사실인지 아닌지 나는 모른다.)

* 타동사 know의 목적어로 명사절임.

I can't believe that she told you about it.
    타동사   목적어

(나는 그녀가 너에게 그것에 대해 말했던 것을 믿을 수 없어.)

* that절을 목적어로 하는 동사 : admit, agree, believe, confess, declare, demand, expect, guess, hear, hope, imagine, insist, mean, notice, perceive, prefer, pretend, regret,

report, request, say, show, suggest, suppose, think, wonder

④ 전치사의 목적어

Our future depends <u>upon</u> <u>whether he will recover his health</u>.
　　　　　　　　　전치사　　　　　목적어(명사절)

(우리의 장래는 그가 건강을 회복하느냐에 달렸다.)

* 전치사 upon의 목적어로 명사절임.

<u>From</u> <u>where I was sitting</u> I could not see them.
전치사　　목적어(명사절)

(내 자리에서는 그들을 볼 수가 없었다.)

⑤ 동격절 (명사 + that)

I know <u>the fact</u> <u>that she is kind</u>.

(나는 그녀가 친절하다는 사실을 안다.)

* the fact와 that절이 같다

<u>The rumor</u> <u>that he died</u> is ill-founded.

(그가 죽었다는 소문은 낭설이다.)

* that절을 동격으로 가져오는 명사

news, ideas, fact, opinion, rumor, knowledge

2) 관계사가 이끄는 형용사절

관계사는 앞에 있는 선행사를 꾸미는 형용사 구실을 한다.

관계대명사 : who, which, that

관계부사 : when, where, why

* 관계사절은 앞에 있는 선행사를 수식하므로 모두 형용사 절이 될 수 있다.

* 관계사절은 관계사에서 자세히 설명함.

I know <u>the boy</u> <u>who wanted to see you</u>.

(나는 너를 보고 싶어 했던 소년을 알고 있어.)

* who절은 선행사 the boy를 수식하는 형용사절임.

He is the greatest poet that Korea has ever produced.
(그는 한국이 낳은 최고의 시인이다.)

* that절은 the greatest poet를 수식하는 형용사절임.

All the books that he had collected were contributed to our school library.
　　선행사　　　　　관계사절
(그가 수집한 책은 전부 우리 학교 도서관에 기증 되었다.)

* that절은 all the books를 수식하는 형용사절임.

3) 종족접속사가 이끄는 부사절

부사절은 『접속사 + 주어 + 동사』의 형태로 동사, 형용사, 부사 등을 수식한다. 이 때 접속사는 때·장소·원인·이유·조건·목적·결과·양보·비교 따위를 나타낸다.

a) 때를 나타내는 접속사

- 단순접속사 : after, as, before, once, since, till, until, when, whenever, while
- 접속사구 : as soon as, by the time, every(each) time, next time, the moment(instant, minute)
- 상관접속사 : hardly ~ before(when), no sooner ~ than, scarcely ~ when

① 단순접속사

after : ~ 한 뒤(다음)에, 나중에

I'll go with you after I finish my work.
(일을 마치고 너와 같이 가겠다.)

when : ~ 할 때에

He was sleeping when I visited him.
(내가 방문했을 때 그는 자고 있었다.)

* 접속사 when은 앞에 선행사가 없고, 관계부사 when 앞에는 시간을 나타내는 선 행사인 명사가 있다.

② 접속사구

　　as soon as : ~ 하자마자

　　　As soon as he opened the door, a fierce dog jumped upon him.
　　　(그가 문을 열자마자 사나운 개 한 마리가 그에게 달려들었다.)

③ the moment : ~ 하자마자, 바로 그때

　　　The moment he opened the door, a fierce dog jumped upon him.
　　　(그가 문을 열자마자 맹견이 그에게 달려들었다.)

④ 상관접속사

　　hardly ~ before(when) : ~ 하기가 무섭게, ~ 하자마자

　　　Hardly had I said the word when(before) they burst into laughter.
　　　(내가 말을 하자마자 그들은 웃음을 터트렸다.)

　　no sooner ~ than : ~ 하자마자

　　　I had no sooner opened the cage than out flew the little bird.
　　　-> No sooner had I opened the cage than the little bird flew out.
　　　(내가 새장을 열자마자 그 작은 새는 날아갔다.)

b) 원인·이유를 나타내는 접속사

　· 단순접속사 : as, because, since, for

　· 구접속사 : now (that), seeing (that), considering (that)

　· 상관접속사 : not because A ~ but because B, not that ~ but that

① 단순접속사

　　because : ~ 왜냐하면, ~ 때문에

　　　The service was poor because the restaurant was short-handed.
　　　(그 식당은 손이 모자라서 서비스가 나빴다.)

because 와 for의 차이

because ~ 처음부터 생각하고 있는 원인
for ~ 뒤에 생각난 이유 또는 설명 추가

> The river has risen <u>because</u> it has rained a lot recently.
> (요새 비가 많이 왔기 때문에 강물이 불었다.) 〈원인〉
> It must have rained a lot recently, <u>for</u> the river is high.
> (최근에 비가 많이 온게 분명해, 왜냐하면 강물이 많이 불었기 때문이다.) 〈이유〉

since : ~ 한 이래, ~ 후에

> The city has changed a lot <u>since</u> I have lived here.
> (내가 여기서 산 이후로 도시가 많이 변했다.)
> A lot has happened <u>since</u> we graduated from college.
> (우리가 대학을 졸업한 후 많은 일이 일어났다.)

② 접속사구

seeing/considering (that) : ~ 을 생각하면, ~ 이기 때문에

> <u>Seeing/Considering that</u> he doesn't work, he learns so little.
> (그는 공부를 안 하기 때문에 배운 것이 거의 없다.)
> <u>Seeing (that)</u> it is 9 o'clock, we will wait no longer.
> (이미 9시나 됐으니 더는 기다리지 않을 거다.)

now (that) : ~ 인 만큼, ~ 이므로

> <u>Now (that)</u> spring has come, we had better repair the house.
> (봄이 왔으니 우리는 집을 수리하는 게 좋을 걸.)
> <u>Now (that)</u> the rain has stopped, we'd better start.
> (비가 그쳤으니 우리는 출발하는 게 좋을 걸.)

not because (that) A, but because (that) B : ~ A 때문이 아니라 B 때문이다

> A mountain is valuable <u>not</u> <u>because</u> it is high, <u>but</u> <u>because</u> it has trees.
> (산이 높아서 귀한 것이 아니라 나무가 있기 때문에 귀한 것이다.)

not that ~ , but that : ~ 하다는 게 아니라 ~ 하다는 것이다
It is <u>not that</u> I dislike it, <u>but that</u> I cannot afford it.
(그것이 마음에 안 드는 것이 아니라 살만한 여유가 없는 것이다.)

c) 목적을 나타내는 접속사

that / so that / in order that ~ may : ~ 하기 위하여, ~ 하도록
I stepped aside <u>(so) that</u> he <u>might</u> pass.
(그가 지나가도록 나는 옆으로 비켜섰다.)
School was closed early <u>in order that</u> the children <u>might</u> go home ahead of the storm.
(아이들이 태풍이 오기 전에 집에 갈 수 있도록 수업이 일찍 끝났다.)

lest ~ should / for fear (that) ~ should
: ~ 하지 않도록, ~ 하지 않기 위해서, ~ 하지나 않을까 하면서
He wrote carefully <u>lest</u> [that] he <u>should</u> make a mistake.
(그는 실수 하지 않도록 조심스레 글을 썼다.)
He jotted down the name <u>for fear (that)</u> he <u>should</u> forget it.
(잊지 않도록 그 이름을 적어 두었다.)

d) 결과 · 정도를 나타내는 접속사

· so 형용사 · 부사 that : 아주 ~ 해서 ~ 하다, ~ 할 만큼 ~ 하다
· such 명사 that : 아주 ~ 해서 ~ 하다

I am <u>so busy that</u> I can't go there.
      형용사
(나는 너무 바빠서 거기에 갈 수 없다.)
The children were having <u>such a good time that</u> their mother hated to call them in.
      명
(어린이들이 아주 재미있게 놀고 있어서 엄마들은 그들을 불러들일 수가 없었다.)

e) 조건을 나타내는 접속사

· if, unless, once, in case (that)

if : 만약 ~ 이면
unless : 만약 ~ 하지 않으면(=if + not)

 If you don't get back before midnight, you'll be locked out.
 (한밤중까지 돌아오지 않으면 문을 잠궈 버릴 거야.)
 You will miss the train <u>unless</u> you hurry up.
 (서두르지 않으면 기차를 놓칠걸.)

once : 일단 ~ 하면
suppose / supposing (that) : 만약 ~ 라 한다면
provided (that) / providing (that) : 만약 ~ 라면

 <u>Supposing (that)</u> it were true, something would be different.
 (그것이 사실이라면 뭔가 달라질 것이다.)
 I will wait here <u>provided (that)</u> you promise to come soon.
 (만일 네가 곧 온다고 약속하면 나는 여기서 기다릴 거야.)
 * provide(준비하다, 제공하다, (필수품)을 주다) 등의 동사도 있다

두 개의 절을 연결하고 있어 여기서는 접속사다

in case (that) : ~ 하면, ~ 하는 경우
on condition that : ~ 한다면
so long as : ~ 하기만 하면, ~ 하는 이상(=only if)

 <u>In case</u> I forget, please remind me of it.
 (잊어버린 경우에, 깨우쳐 주시오.)
 You can go out <u>as long as</u> you're back before dark.
 (어둡기 전에 돌아오기만 한다면 외출해도 좋아.)

f) 양보 표시를 나타내는 접속사

though, if(whether), 명사 · 형용사 · 부사 · 과거분사 + as(though) + 주어 + 동사 no matter what(who, when, how 등), while · when

though(=although) : 이지만
even if / even though : 비록 ~ 라 할지라도

> Though(Although) he is poor, he looks quite happy.
> (그는 비록 가난하지만, 상당히 행복해 보인다.)
> We must go, even if(though) it should rain.
> (비록 비가 온다고 할지라도 우리는 가야한다.)

if, whether : 비록 일지라도

whether ~ or not : 이든 아니든

> Don't blame him if he should fail.
> (그가 실패 하더라도 비난하지 마라.)
> Whether you go there by bus or by train, it makes little difference.
> (네가 거기를 버스로 가든 기차로 가든 별 차이가 없다.)

무관사명사 · 형용사 · 부사 · 과거분사 + as (though) + 주어 + 동사 :
~ 일지라도

> Woman as she is, she is brave. (그녀는 여자이지만 용감하다.)
>   명사
> Rich as he is (Though he is rich), he is not contented.
> 형용사
> (그는 부자일지라도 만족하지 않는다.)

no matter what(who, when, how 등) : 아무리 ~ 일지라도

> No matter what he says, I am going. (그가 뭐라 하든, 나는 가겠다.)
> No matter where he goes, he will be unable to support himself.
> (어디를 가든, 자활 할 수는 없을 거야.)

while : ~ 임에도, 그럼에도, 그런데 한편

> While(Though) I admit his good points, I can see his bad.
> (그의 장점은 인정하지만 그럼에도 그의 단점도 알 수 있다.)

when : ~ 에도 불구하고, 비록 ~ 이지만

> I have only three books when I need five.
> (나는 책이 5권이 필요함에도 불구하고 겨우 3권만 가지고 있다.)
> * 접속사 when이 양보의 뜻으로 쓰이기도 함.

g) 방법 · 상태를 나타내는 접속사

as : ~ 한 대로
as ~ if(=as though) : 마치 ~처럼

> Do as I told you. (내가 너에게 말한 대로 해라.)
> He acts as if he were a millionaire.
> (그는 마치 백만장자인 것처럼 행동한다.)

h) 정도 · 비교 표시 접속사

as : ~ 와 같이, ~ 만큼, ~ 와 같은 정도로
as ~ as : ~ 만큼 ~ 하다
not so(as) ~ as : ~ 만큼 ~ 아니다

> Tom is as honest as John. (Tom은 John만큼 정직하다.)
> My house is not so large as yours. (우리 집은 너의 집만큼 크지 않다.)

as 종속절, so 주절 : 마치 ~ 인 것처럼 ~ 하다

> As the desert is like a sea, so is the camel like a ship.
> (사막이 바다라면 낙타는 배다.)
> As food nourishes our body, so books nourish our mind.
> (음식이 몸에 영양이 되는 것처럼 책은 마음의 영양이 된다.)

so far as : ~ 하는 한
so long as : ~ 하는 한

> So far as I am concerned, he is honest.
> (내가 알고 있는 한, 그는 정직하다.)
> Animals live on impulse, and are happy so long as external conditions are favorable.
> (동물들은 충동에 이끌리어 생활하며, 외부 조건의 혜택을 받는 한 행복하다.)

than : ~ 보다

> He is kinder than she. (그는 그녀보다 친절하다.)

He has done better than (he did) last time.
(그는 지난번 보다 잘 했다.)

the 비교급 ~, the 비교급 ~ : 더 ~ 하면 할수록, 더 ~ 하다
The more you have, the more you want.
(가진 것이 많으면 많을수록 욕심을 더 낸다.)
The higher a mountain is, the more people like to climb it.
(산이 높으면 높을수록 사람들은 그 산을 더 올라가고 싶어 한다.)

| If의 명사절과 부사절의 비교 |

명사절·부사절은 동사에 의해 결정된다. 같은 if절이라 해도 타동사 뒤에 오면 명사절이 되고, 완전한 문장과 연결되면 부사절이 된다.

명사절

Would you mind if I use your phone? (당신의 전화 좀 쓰면 안 될까요?)
    타동사 명사절(목적어)
* mind는 타동사이므로 if절은 명사절로 목적어임.

부사절

If you have a car, you are independent of trains and buses.
 부사절
(당신이 자동차가 있으면, 기차나 버스의 신세를 지지 않아도 된다.)
* 주절인 you are ~ 는 2형식으로 완벽한 문장이어서 앞에 if절은 조건의 부사절 이다.

| 전치사·부사·접속사와의 관계 |

전치사 중에서 부사나 접속사로 쓰이는 것들이 있다.

1) 전치사와 부사

a) '동사 + 전치사 + 명사' 와 '동사 + 부사'
전치사 뒤에는 명사(명사 상당어구)가 와서 '전+명=구'를 이루어 명사·형용

사 · 부사 역할을 한다. 부사 뒤에는 명사가 오지 않는다.

He went on his way. (그는 자신의 길을 갔다.)
　　　　전　명

* went는 완전자동사로 1형식이므로 on his way는 전 + 명구로 부사 임.

He went on. (그는 여행을 계속했다.)
　　　　부사

* on은 부사 기능을 함.

She looked about him. (그녀는 그의 주위를 보았다.)
　　　　　전　　명

She looked about. (그녀는 주위를 둘러보았다.)
　　　　　부사

* about은 부사 기능을 함.

b) '동사 + 전치사 + 명사' 와 '동사 + 부사 + 명사'의 경우

He went over the hill. (그는 언덕을 넘어 갔다.)
　　자동사　전+명

* went가 자동사로 1형식이므로 over the hill은 전 + 명구로 부사임.

He took over the business. (그는 사업을 인수했다.)
　　타동사 부사　　명사

* took over은 타동사+부사 이므로 the business는 목적어임.

We can depend on his word. (우리는 그의 약속은 믿을 수 있다.)
　　　　자동사　전　명

* 'depend + on = 타동사' 이므로 his word는 목적어임.

She put on the new dress. (그녀는 새 옷을 입었다.)
　　타동사 부사　명사

* put on은 타동사+부사 이므로 the new dress는 목적어임.

* 「동사 + 전치사 + 명사」 인지 「동사 + 부사 + 명사」 인지는 대부분의 영한사전에 모두 기재 되어있다.

go on　[자동사+전치사] – (여행 따위)를 가다

　　　　[자동사+부사] – 여행을 계속하다

look about [자동사+전치사] –　　~ 의 주변을 둘러보다

　　　　　　　　　　　　　　　~ 의 신변을 주의하다

　　　　　　　　　　　　　　　~ 을 신중히 생각하다

　　　　　　[자동사+부사] – (주위를) 둘러보다

depend on [자동사+전치사] - 믿다, 의지하다

put on [타동사+부사] - (옷을) 입다
　　　　　　　　　(신 따위를) 신다
　　　　　　　　　(모자 따위를) 쓰다
　　　　　　　　　(장갑 따위를) 끼다
　　　　　　　　　(화장 따위를) 하다

2) 전치사와 접속사

전치사 뒤에는 명사, 접속사 뒤에는 절이 온다.

<u>After</u> <u>school</u>, we played tennis. (방과 후에 우리는 테니스를 쳤다.)
　전　　명

<u>After</u> <u>school was over</u>, we played tennis.
접속사　　절

(수업이 끝난 후, 우리는 테니스를 쳤다.)

He took a glass of wine <u>before</u> <u>going to bed</u>.
　　　　　　　　　　　　전치사　　동명사

He took a glass of wine <u>before</u> <u>he went to bed</u>.
　　　　　　　　　　　　접속사　　절

(그는 잠자리에 들기 전에 와인 한 잔을 했다.)

| 접속사 연결성의 중요성 |

등위접속사와 종속접속사가 얼마나 중요한 지 예를 들어보자.

In other words, the listener <u>should try</u>① to <u>hear</u>② <u>and</u> <u>understand</u>②' where the other person is coming from <u>and</u> <u>not prepare</u>①' <u>arguments</u>③ <u>or</u> <u>retaliations</u>③'. The individual <u>who is really listening</u> <u>tends</u>④ <u>not to interrupt</u>⑤ <u>and give</u>⑤' her <u>own</u> point of view, <u>but rather will ask</u>④' additional questions in order to <u>clarify</u>⑥ <u>and understand</u>⑥' the other person's position.

(다시 말해서, 듣는 사람은 상대방의 입장에서 근거가 무엇인지를 듣고 이해하려 해야지, 반대 의견이나 보복을 준비해서는 안 된다. 정말로 듣고 있는 사람은 이야기를 중단 시켜 자신의 관점을 제시하려는 경향이 있기 보다는 오히려 상대방의 입장을 명확히 이해하기 위해 추가적인 질문

을 할 것이다.)

* 2번 뒤 where 절은 to hear 와 understand의 목적절임.
* and와 or의 앞 뒤 단어를 정확히 연결하지 않으면 문맥이 꼬인다. ①-①', ②-②', ③-'③, ④-④', ⑤-⑤', ⑥-⑥'로 연결되고 두 단어 사이에 절이 있어 연결단어가 멀리 떨어져 있기도 하다.

즉,

① and ①' – should try and not prepare의 연결
② and ②' – to hear and understand의 연결
③ or ③' – arguments or retaliations의 연결
④ and ④' – tends, but rather will ask의 연결
⑤ and ⑤' – not interrupt and give의 연결
⑥ and ⑥' – to clarify and understand의 연결

[출처] 2019 ebs 수능완성 유형편(ch. 2)필자의 주장/글의요지|작성자 withjunhyun

Chapter 6
형용사와 부사 (Adjective & Adverb)

우리는 흔히 형용사는 어미가 '~ㄴ, ~ㄹ (예쁜, 먹을)'로 끝나고, 부사는 '~히, ~이, ~게, ~하게(급히, 틀림없이, 넓게, 급하게)' 등으로 끝난다고 생각한다. 단순형용사나 단순부사의 뜻은 그런 설명이 가능할 수도 있으나 형용사나 부사의 형태는 다양하고, 형용사 어미가 변해서 부사가 되기도 한다. 그리고 한 단어가 경우에 따라 형용사로도, 부사로도 쓰이며 뜻 역시 달라진다. 또한 과거분사가 형용사 역할을 할 때도 있고 to do, doing, 구, 절이 문장 속에서 위치에 따라 형용사가 되기도, 부사가 되기도 한다. 이렇게 형용사와 부사는 복잡한 것이 사실이지만, 위치와 형태에 관해 정확히 파악하면 이해하기 쉬울 것이다.

영어 문장은 구체적인 의미를 나타내는 내용어(명사 · 동사 · 형용사 · 부사)와 말과 말 또는 문장 사이에 문법적 기능을 가지는 기능어(관사 · 접속사 · 전치사 · 대명사 · 감탄사 · 조동사)로 이루어진다. 여기서 내용어 중 형용사와 부사를 한 데 묶어 특성의 차이를 비교 설명하려 한다.

A. 형용사

형용사는 명사의 앞이나 뒤에서 명사를 수식하거나 주격보어 · 목적격보어가 되어 명사의 색깔 · 성질 · 크기 · 상태를 설명한다.

1. 형용사의 종류 – 성상형용사, 수량형용사, 대명형용사

1) 성상형용사

사물의 성질, 종류, 상태를 나타내는 형용사로 대부분의 형용사가 이에 속함.

a) 본래의 형용사

a <u>brave</u> man(용감한 남자), a <u>tall</u> girl(키 큰 소녀), a <u>kind</u> boy(친절한 소년),
a <u>wide</u> river(넓은 강), a <u>fine</u> day(맑은 날)

> Her <u>brave</u> fight against <u>cancer</u> is an inspiration to us all.
> (그녀의 암에 대한 용감한 투쟁이 우리 모두에게 하나의 격려이다.)
> Your grand-mother was a very <u>kind</u> woman.
> (너의 할머니는 대단히 친절한 여성이었어.)

b) 물질명사에서 온 형용사

a <u>stone</u> building(석조 건물), a <u>gold</u> watch(금시계), a <u>silver</u> spoon(은수저),
a <u>paper</u> bag(종이 가방), an <u>iron</u> door(철문)

> He has some <u>silver</u> hair. (그는 약간 은발이다.)
> He puts on an <u>iron</u> hat. (그는 철모를 쓴다.)

c) 물질명사 + -en의 형용사

a <u>wooden</u> house(목조 가옥), a <u>woolen</u> blanket(모직 담요),
an <u>earthern</u> jar(토기 항아리)

> The prince was dressed in red <u>silken</u> robes.
> (왕자님은 붉은 실크 예복을 입고 있었다.)
> He lives in a <u>wooden</u> house. (그는 목조 가옥에서 산다.)

d) 고유명사에서 온 형용사 – 나라이름에 흔히 ~an, ~ish, ~ese를 붙인다.

America(미국) an <u>American</u> boy(미국 소년)
Spain(스페인) <u>Spanish</u> folk songs(스페인 민요)
China(중국) <u>Chinese</u> letters(한자)

> She likes <u>Spanish</u> folk songs very much.
> (그녀는 스페인 민요를 아주 좋아한다.)
> The frogs are a species found in <u>American</u> rivers, especially in Brazil.
> (그 개구리는 미대륙의 강들 특히 브라질에서 발견되는 종류이다.)

e) 현재분사에서 온 형용사 - 능동의 뜻을 가짐

sleep(잠자다) - a <u>sleeping</u> baby(잠자고 있는 아기)
interest(흥미를 주다) - an <u>interesting</u> book(재미있는 책)
surprise(놀라게 하다) - The <u>surprising</u> news(그 놀라운 소식)
> The <u>sleeping</u> baby is my daughter. (자고 있는 아기는 내 딸이다.)
> I got an <u>interesting</u> letter in the mail today.
> (오늘 나는 메일로 재미있는 문자 하나를 받았다.)

f) 과거분사에서 온 형용사 - 수동의 뜻을 가짐

wound(상처를 입다) - <u>wounded</u> soldier(부상병)
fall(떨어지다) - <u>fallen</u> leaves(낙엽)
lost(잃다) - <u>lost</u> time(잃어버린 시간)
> The road was blocked by a <u>fallen</u> tree.
> (도로는 쓰러진 나무 때문에 차단되었다.)
> He was arrested for <u>drunken</u> driving. (그는 음주운전으로 체포 되었다.)

g) 명사를 그대로 형용사

a <u>music</u> teacher(음악 선생님), a <u>space</u> travel(우주여행),
a <u>book</u> review(서평), a <u>goods</u> train(화물 열차)
> This high school has a good <u>music</u> program.
> (이 고등학교에는 훌륭한 음악 프로그램이 있다.)
> A <u>space</u>-man is a man who <u>travels</u> into space.
> (우주인이 우주 속을 여행하는 사람이다.)

h) 명사 어미에 ~y, ~ly, ~ish, ~ous, ~ful, ~less를 붙인 형용사

rain(비) - rainy(비오는)   wind(바람) - windy(비오는)
man(남자) - manly(남자다운)   month(달) - monthly(매달의)
fool(바보) - foolish(어리석은) child(어린이) - childish(유치한)
fame(명성) - famous(유명한)   danger(위험) - dangerous(유명한)
care(주의) - careful(주의 깊은) careless(부주의한)

It is <u>foolish</u> to ride a motorcycle without a helmet.
(헬맷을 쓰지 않고 오토바이를 타는 것은 어리석다.)
Parents must be <u>careful</u> that they don't frighten their children when teaching them to avoid strangers. (부모들이 아이들에게 낯선 사람들을 피하라고 가르칠 때 놀라지 않게 주의해야 한다.)

2) 수량형용사

수 · 량 · 정도를 나타내는 형용사
부정수량 형용사 : 막연히 수나 양이 많고 적음을 나타내는 형용사

a) 수에만 사용하는 형용사 – many, few, a few

many + 복수명사 = many a + 단수명사 : 많은
<u>Many</u> young <u>men</u> <u>have failed</u> at this stage.
(= <u>Many</u> a young <u>man</u> <u>has failed</u> at this stage.)
(많은 청년들이 이 단계에서 실패했다.)
He has <u>many</u> books. (그는 많은 책을 가지고 있다.)
* many의 대용어구 : a lot of, lots of, plenty of, a (large) number of 등
He has <u>a lot of</u> books.

few + 복수명사 – 거의 ~ 없는, a few + 복수명사 : 약간 있는
Tom has <u>few</u> friends. (톰은 친구가 거의 없다.)
Tom has <u>a few</u> friends. (톰은 두 세명의 친구가 있다.)

b) 양 · 정도에 사용하는 형용사– much, little, a little

much + 단수명사 : 많은
There is <u>much</u> hope of his success. (그가 성공할 가능성이 많다.)
Do you take <u>much</u> sugar in your coffee?
(커피에 설탕을 많이 넣으십니까?)

little + 단수명사 : 거의 없는, a little + 단수명사 : 약간 있는
He gave me <u>little</u> trouble. (그는 나에게 거의 말썽부리지 않았다.)

He has a little patience. (그는 끈기가 약간 있다.)

c) 수사

일정한 수를 나타내는 말로 one, two, three.....와 같이 세는 수를 기수라 하고 first, second, third.....와 같이 차례/순서를 나타내는 수를 서수라 한다. 수사는 형용사는 물론 (대)명사로도 쓰인다.

I have two eyes and two ears. (기수-형용사)
　　　　　형용사
(나는 두 눈과 두 귀를 가지고 있다.)
Two of the boys are missing. (기수-대명사)
주어
(그 소년들 중 두 명이 실종되었다.)
Sunday is the first day of the week. (서수-형용사)
　　　　　　　　형용사
(일요일은 일주일에 첫 날이다.)
He looked cold at frist, but soon he turned out to be a kind man.
　　　　　　　　　명사(전치사 at의 목적어)
(그는 처음에 냉혹하게 보였지만 곧 친절한 사람임을 알았다.)

3) 대명형용사

a) 지시 · 의문 · 인칭대명사의 소유 형용사

This pencil is Tom's. (this, these, that, those 등 뒤에 명사가 옴)
(이 연필은 톰의 것이다.)
Whose hat is that? (whose, what, which 등 뒤에 명사가 옴)
(그것은 누구의 모자니?)
He is my uncle. (my, his, her, your, our, their 등 뒤에 명사가 옴)
(그는 나의 삼촌이야.)

b) 관계형용사(whose, which, what, whichever, whatever)

You may take which book you like.
(네가 좋아하는 것이면 어느 책이라도 가져도 돼.)
I gave her what money I have. (내가 가지고 있는 돈은 어떤 돈이라도 줄게.)
* 관계형용사 뒤에 명사가 옴.

2. 형용사의 용법

1) 한정적 용법
명사 · 대명사의 앞 또는 뒤에서 명사를 수식

a) 명사 앞에서

> I can see a tall tree over there.
> (나는 저 너머에 있는 큰 나무를 볼 수 있다.)
> He became a very famous doctor.
> (그는 대단히 유명한 의사가 되었다.)

b) 명사 뒤에서

> anything, nothing, something과 같이 ~thing으로 끝나는 단어 뒤에 형용사가 온다.
> I have nothing particular to say.
> (나는 특별하게 할 얘기가 없어.)
> You have something white on your nose.
> (네 코에 뭔가 흰 것이 묻어 있어.)

> * 한정적 용법으로만 쓰이는 형용사 daily, drunken, elder, former, golden, inner, latter, main, silken, sunken, total, upper, wooden

2) 서술적 용법
동사 뒤에서 주격보어로, 목적어 뒤에서 목적격보어로 쓰인다.

a) 주격보어

> He is intelligent. (그는 총명하다.)
> She became rich. (그녀는 부자가 되었다.)

> * 서술적 용법으로만 쓰이는 형용사 afraid(두려워하는), alive(살아 있는), asleep(잠자는), awake(깨어난), aware(깨달은 · 알고 있

는)등의 a~로 시작되는 형용사와 fond(좋아하는), glad(기쁜), well(건강한)

* 형용사를 주격보어로 취하는 동사 : be(~이다), become(~이 되다), get(~하게 되다), look(~하게 보이다), sound(~하게 들리다)

b) 목적격보어

He made his wife happy. (그는 아내를 행복하게 해 주었다.)
He left the door open. (그는 문을 열어 놓았다.)

* 대표적으로 목적격보어를 갖는 동사 find(~임을 알다), leave(~한 채 내 버려 두다), make(~ 하게 하다), think(~라고 생각하다)

한정적용법·서술적용법으로 쓰일 때 뜻이 달라지는 형용사

certain

한정적 용법 – 어떤

He did believe in certain treatment for sick people.
(그는 병자에게는 어떤 치료가 필요하다고 믿었다.)

서술적 용법 – 확신하는, 자신하는

I am certain that he will come. (나는 그가 올 것을 확신한다.)

present

한정적 용법 – 현재의

Where are you at the present time?
(지금 현재 어디 계시나요?)

서술적 용법 – 출석한, 참석한

Many people are present for the meeting.
(많은 사람들이 회의에 참석한다.)

able

한정적 용법 – 재능 있는, 유능한
> He is an able man. (그는 재능 있는 사람이다.)

서술적 용법 – 할 수 있는
> I am able to do the work. (나는 그 일을 할 수 있다.)

sorry

한정적 용법 – 불쌍한
서술적 용법 – 미안한

sick

한정적 용법 – 아픈
서술적 용법 – 메스꺼운·아픈

late

한정적 용법 – 늦은·고(돌아가신)
서술적 용법 – 늦은

apt

한정적 용법 – 적절한
서술적 용법 – 하기 쉬운

형용사의 위치

2개 이상의 형용사가 올 때의 순서
관사(a, the)
지시사(this, that) + 수량형용사(two) + 성질형용사(kind) + 명사
소유격(my, your)

> * 관사 · 지시사 · 소유격은 나란히 사용할 수 없어 그 중 하나만 쓴다
> an old man (한 노인)
> these two brave soldiers (이들 두 용감한 군인들)
> my pretty sisters (나의 예쁜 누이들)
>
> 성질형용사가 여러 개 올 때도 형용사의 순서가 있다.
> 관사, 서수 · 수량, 성상, 대소, 신구, 색, 국적, 재료, 명사
> The ten lovely large old white wooden house.
> 관사 수량 성상 대소 신구 색 　　 재료 　명사
> (열 개의 사랑스러운 크고 오래된 흰 목재로 된 집)

B. 부사

부사는 주로 동사 · 형용사 · 다른 부사를 수식 · 한정한다. 그러나 명사 · 대명사 · 절 · 문장 전체를 수식 · 한정하는 것도 있다.

부사가 나타내는 것

시간 : already, now, soon, then, when(의문부사, 관계부사)

장소 : above, here, near, there, where(의문부사, 관계부사)

양태 : happily, hard, kindly, well

빈도 : frequently, never, often, seldom. sometimes, always

정도 : almost, enough, little, much, too, very

긍정 · 부정 : certainly, hardly, never, no, not, seldom, yes

순서 : first, last, next, secondly

원인 · 이유 : hence, therefore, why(의문부사, 관계부사) 등을 나타낸다.

1. 부사의 종류

부사의 종류는 대부분의 부사인 단순부사 · 의문부사 · 관계부사로 이루어진다. 의문부사는 의 문을 나타내는 부사이고 관계부사는 관계대명사처럼 선행사를 수식하는 형용사 역할을 한다.

1) 단순부사

a) 형용사와 부사가 같은 꼴인데 뜻이 다른 부사

	형용사	부사
early	이른	일찍
enough	충분한 · ~할 만큼의	충분히 · 상당히
fast	빠른	빨리
hard	굳은 · 어려운	열심히 · 몹시
high	높은 · 숭고한	높게 · 비싸게
late	늦은	늦게
little	작은 · 귀여운	거의 ~ 않다
long	긴	오래
low	(키 · 고도 · 온도 · 평가 등)낮은	저음으로
much	많은 · 다량의	매우 · 대단히
near	가까운	가까이
right	옳은 · 정당한	정확히 · 적절히
well	건강한 · 좋은	잘
wide	폭넓은	널리 · 광범위하게

He is a <u>fast</u> runner. (그는 빠른 달리기 선수이다.) – 형용사

* fast는 명사 runner를 수식하는 형용사임.

He runs <u>fast</u>. (그는 빨리 달린다.) – 부사

* 완전자동사 runs를 수식하는 부사임.

The crops are <u>late</u> this year. (금년에는 수확이 늦다.) – 형용사

* 불완전 자동사 are 뒤에 쓰인 보어임.

He sat up very <u>late</u> last night.

(그는 어젯밤 아주 늦게까지 자지 않았다.) – 부사

* sat up이 완전자동사여서 late는 부사임.

b) 형용사 + -ly 형식

slow – slowly, rapid – rapidly, kind – kindly, brave– bravely

The guests are <u>slow</u> in arriving. (손님의 도착이 늦다.)
　　　　　　　형용사

* slow는 are의 보어로 형용사임.

His condition is <u>slowly</u> improving.
　　　　　　　부사

(그의 건강상태가 느리게 회복되고 있다.)

* is의 보어는 improving이며 slowly는 부사임.

· 자음 + y → ily

happy – happily, easy – easily, heavy – heavily

I'm <u>happy</u> that he has succeeded. (나는 그가 성공해서 기쁘다.)
　　　형용사

* happy는 am의 보어임.

The puppy wagged its tail <u>happily</u>.
　　　　　　　　　　　　　부사

(강아지가 행복하게 꼬리를 흔들었다.)

* happily를 생략해도 문장이 성립되므로 happily는 부사임.

· ~l → l + ly

real – really, usual – usually

[주의] 어미가 ~ll인 경우 y만 붙인다. full – fully

All of the characters are based on <u>real</u> people.
　　　　　　　　　　　　　　　　　　형용사

(모든 등장인물들은 실존 인물에 근거하고 있다.)

* real이 뒤의 명사 people을 수식하는 한정 형용사임.

He's a <u>really</u> nice guy. (그는 진짜 멋진 젊은이야.)
　　　　부사

* 형용사 nice를 수식하는 부사임.

· ~ le, ~ue → e 생략 후 + ly

noble – nobly, true – truly

Is the news <u>true</u>? (그 뉴스는 사실입니까?)
　　　　　　　형용사

* is의 보어로 형용사임.

It was a truly embarrassing moment.
         부사

(진짜로 당황스런 순간이었다.)

* 형용사 embarrassing을 수식하는 부사임.

- ~ ic → ic + ally

  dramatic - dramatically, energetic - energetically

  He is a capable, intelligent and energetic officer.
           형용사   형용사   형용사

  (그는 능력 있고 지적이고 활기 넘치는 장교야.)

  * capable(형용사), intelligent(형용사) + and energetic(형용사) + officer(명사) 로 a와 officer 사이에 형용사가 3개 있음.

  They are working energetically on the problems that affect our daily lives.
                    부사

  (그들은 우리 일상생활에 영향을 주는 문제에 대해 활발하게 작업하고 있는 중이다.)

  * work가 자동사이므로 뒤에 부사가 있음.

  * ~ ly형의 형용사로 부사형이 없는 것 friendly, lonely, lively, homely, silly, orderly 등

2) 의문부사

a) 의문부사의 종류 : 의문부사에는 4가지가 있다

시간 : when 언제?
장소 : where 어디서?
방법 : how 어떻게?
이유·원인 : why 왜?

① when

When does school begin? (수업은 언제 시작해?)
When did she get married? (그녀는 언제 결혼했나요?)

② where

> Where do you live? (당신은 어디에서 삽니까?)
> Where did he come from? (그는 어디에서 왔을까?)

③ how

> How did he open the box? (그는 어떻게 상자를 열었을까?)
> How do you go there? (너는 거기에 어떻게 가니?)

④ why

> Why are you late? (왜 늦었니?)
> Why did he set fire to his own house? (왜 자기 집에 불을 질렀나요?)

의문부사의 용법

의문부사는 직접의문문과 간접의문문 모두에 다 쓰인다.

a) 직접의문문의 형태 :

의문사 + 동사(be동사) + 주어?
의문사 + 조동사 + 주어 + 동사(일반 동사)?

__where__

> Where is the harm in trying? (해보니 어디가 나쁜가?)
> 의문사 동사 주어
>
> Where did she go yesterday? (그녀는 어제 어디에 갔었니?)
> 의문사 조동사 주어 동사

__when__

> When is it that you want me?
> 의문사 동사 주어
>
> (내게 볼일이 있는 것은 언제 입니까?)
>
> When did you finish reading the book? (언제 그 책을 다 읽었어?)
> 의문사 조동사 주어 동사

__how__

> How old were you when you drew that picture?
> 의문사   be동사 주어
>
> (네가 저 그림을 그렸을 때가 몇 살이었니?)

How did you find Gyeongju? (경주(의 인상은)는 어떠했습니까?)
의문사 조동사 주어 동사

why

Why don't you come over here? (여기로 건너오시는 게 어때요?)
의문사 조동사 주어 동사

* 직접의문문은 의문사 + 동사 + 주어?로 주어, 동사가 도치되었음.

② 간접의문문의 형태

의문사 + 주어 + 동사형태로 명사절이 되어 보어나 목적어 구실을 함.

where

I wonder where he lives. (그는 어디에 살고 있는 걸까?)
　　　　　 의문사 주어 동사

* where절은 타동사 wonder의 목적어로 명사절임.

I asked her where she was going.
　　　　　　 의문사 　주어 　　동사

(나는 그녀에게 어디 가는 중이냐고 물었다.)

* where절은 ask의 직접목적어로 명사절임.

when

Tell me when he will come. (그가 언제 올 것인지를 나에게 말해줘.)
　　　　 의문사 주어 　동사

* when절은 tell의 직접목적어로 명사절임.

Can you find where he has gone? (그가 어디 갔는지 알고 있어요?)
　　　　　　 의문사 　주어 　동사

* where절은 타동사 find의 목적어로 명사절임.

how

This shows how wrong he was.
　　　　　　 의문사 　　주어 동사

(이것은 그가 얼마나 잘못했는지를 보여 준다.)

* show의 목적어로 명사절임.

She was thinking how nice it would be to marry him.

(그녀는 그와 결혼하면 얼마나 좋을까 생각하고 있었다.)

* how절은 타동사 think의 목적어로 명사절임.

why

It was not known <u>why he gave up music</u>.
(그가 왜 음악을 포기했는지는 알려지지 않았다.)
* it 가주어, why절은 진주어로 명사임.

I don't understand <u>why</u> <u>he</u> <u>is</u> so angry.
　　　　　　　　　　의문사 주어 동사
(나는 그가 왜 그렇게 화를 내는지 이해하지 못한다.)
* why절은 understand의 목적어로 명사절임.
* 간접의문문은 '의문사 + 주어 + 동사 ~'인 평서문 어순으로 씀.

* 간접의문문을 목적어로 하는 대표타동사 ask, believe, discuss, find out, guess, know, show, tell, think, understand, wonder

3) 관계부사

관계부사는 선행사 뒤에서 접속사 + 부사의 기능을 겸하면서 선행사를 꾸미는 형용사절을 이끌 수 있다.

관계부사의 종류

관계부사는 다음과 같다

선행사	관계부사
the time (시간)	when
the place (장소)	where
the reason (이유)	why

* how는 선행사 the way와 함께 쓰지 못하고 the way 나 how 둘 중 하나를 반드시 생략해야 된다. 반면에, the way that 이나 the way in which 는 쓸 수 있다.

Tell me <u>the way</u> you solved the problem.
= Tell me <u>how</u> you solved the problem.
(* how절은 tell의 직접목적어로 명사절임.)
= Tell me <u>the way</u> <u>that</u> you solved the problem.
= Tell me <u>the way</u> <u>in which</u> you solved the problem.
(네가 그 문제를 푼 방법을 나에게 알려 줘.)

> 관계부사가 이끄는 절은 선행사가 있을 때는 형용사절, 선행사가 없으면 명사절
>
> This is the house where she lives. – 관계부사 형용사절
> (이것이 그녀가 살고 있는 집이다.)
> I know where he was born. – know의 목적어로 쓰인 명사절
> (나는 그가 태어난 곳을 알아.)
> * 관계부사에 대해 자세한 것은 관계사 편에 있다.

2. 부사의 위치

부사는 동사, 부사(구·절), 형용사(구), 문장전체, 명사, 대명사 등을 수식한다.

1) 자동사 + 부사

He works hard. (그는 열심히 일한다.)
He comes late. (그는 늦게 온다.)

2) 빈도부사 : be + 부사

He is always busy. (그는 항상 바쁘다.)
He is seldom at home on Sundays. (그는 일요일에 거의 집에 없다.)

3) 조동사 + 부사 + 본동사

He can hardly swim. (그는 거의 수영을 할 수 없다.)
　　조동사　부사　일반동사
I have often been there. (자주 거기에 간 적이 있다.)
　조동사　부사　본동사

4) 부사 + 일반동사

He often comes here. (그는 여기에 자주 온다.)
　　부사　일반동사
We occasionally see him on the beach.
　　　부사　　일반동사
(우리는 때때로 그를 해변에서 본다.)

* 빈도부사(횟수, 정도) : always, usually, frequently, hardly, never, often, rarely, scarcely, seldom, sometimes, generally, occasionally

5) 타동사 + 목적어 + 부사

She speaks French fluently. (그녀는 불어를 유창하게 한다.)
　　타동사　　목적어　　　부사

He closed the door quietly behind him.
　　타동사　　목적어　　부사

(그는 등 뒤에 문을 조용히 닫았다.)

* 목적어가 길 때는 타동사 + 부사 + 목적어 꼴을 취하기도 한다

He admitted frankly that he had stolen the watch.
　　타동사　　부사　　　　　　목적어

(그는 시계를 훔쳤다는 사실을 솔직히 받아 들였다.)

The judge said strongly that the case was difficult and that he
　　　　타동사　부사　　　　　목적어　　　　　　　　　목적어

would reconsider his decision.
(사건이 까다로움으로 판결을 재고하겠다고 재판관은 확고히 말했다.)

6) 부사 + 형용사(구), 부사(구, 절)

He is quite talkative. (그는 상당히 수다스럽다.)
　　　부사　형용사

He talks very cheerfully. (그는 아주 즐겁게 이야기한다.)
　　　　부사　부사

He got angry just because I was a little late.
　　　　　부사　　　　부사절

(그는 내가 조금 늦었다는 바로 그 이유 때문에 화가 났다.)

7) 부사 + 명사(대명사)

He is quite a gentleman.
　　　부사　　명사

(그는 확실히 신사다.)

Only he loves me.
부사 대명사

(오직 그 만이 나를 사랑한다.)

8) 문장전체 수식 : 부사 + 주어 + 동사

Quietly, she made her way across the room.
　부사　　　　　　　문장전체

(조용하게 그녀는 방을 가로질러 걸어갔다.)

Fortunately, he escaped the danger.
　　부사　　　　　　　문장전체
(다행히도 그는 위험을 피했다.)

9) 절 수식 : 부사 + 접속사 + 주어 + 동사

The telephone rang just when I came home.
　　　　　　　　　　　　　절
(내가 집에 왔을 바로 그때 전화가 울렸다.)

That is not exactly what I have expected.
　　　　　　부사　　　　절
(그것은 내가 기대했던 대로는 아니다.)

10) 여러 종류의 부사가 겹칠 때 :

〈장소 + 방법(목적) + 시간〉

He arrived here safely yesterday.
　　　　　장소　방법　시간
(그는 어제 안전하게 여기에 도착했다.)

I met her at the station at 5 o'clock.
　　　　　　장소　　　　시간
(나는 5시에 정거장에서 그녀를 만났다.)

11) 방법(목적) + 장소 + 시간

It rained heavily in Seoul last week. (지난주 서울에 많은 비가 내렸다.)
　　　　　방법　　장소　　시간

She sang beautifully at a music hall yesterday.
　　　　　방법　　　　장소　　　　시간
(그녀는 어제 음악당에서 아름답게 노래 불렀다.)

〈짧은 시간 + 긴 시간〉

He gets up at six every morning. (그는 매일아침 여섯시에 일어난다.)
　　　　　짧은 시간　긴 시간

The plane is supposed to take off at 10:30 next Thursday morning.
　　　　　　　　　　　　　　　　　짧은 시간　　　긴 시간
(비행기는 다음 목요일 오전 10시 30분에 이륙하기로 되어 있다.)

12) 전치사에서 전용된 부사(down, in, off, on, out, up 등)

⟨동사 + 부사 + 명사⟩

He cut down the tree. (그는 나무를 잘라 쓰러뜨렸다.)
　　동사　부사　　　명사

You can write in the page numbers later.
　　　　동사 부사　　　명사

(페이지 수는 나중에 써넣으면 됩니다.)

⟨동사 + 명사(대명사) + 부사⟩

He cut it down. (그는 그것을 잘라 쓰러뜨렸다.)
　　　　대명사 부사

He put it in. (그것을 안에 넣으시오.)
　　　대명사 부사

13) 부정사 수식

⟨to do + 부사⟩

He told me to rise early every day.
　　　　　　to do　부사

(그는 내게 매일 일찍 일어나라고 말했다.)

Bad weather obliged us to stay at home.
　　　　　　　　　　　to do　　부사

(날씨가 나빠서 집에 있어야만 했다.)

⟨(never/not) + to do⟩

He told me never to return.
　　　　　　　　to do

(그는 내게 결코 돌아오지 말라고 말했다.)

I asked her not to go.
　　　　　　　to do

(나는 그녀에게 가지 말라고 요청했다.)

⟨to + 부사 + do(분리부정사)⟩

I wish you to clearly understand it.
　　　　　　to　부사　　do

(나는 네가 그것을 분명히 이해했으면 좋겠어.)

She wished to utterly forget her past.
　　　　　　to　　부사　　　do

(그녀는 과거를 완전히 잊기를 바라고 있다.)

14) enough : (동사, 부사, 형용사) + 부사

a) 동사

He worked enough, but she didn't.
　　　동사　　부사

(그는 충분히 공부했지만, 그녀는 그렇지 않았다.)

It's getting late, and you two have talked enough for one day.
　　　　　　　　　　　　　　　　　　　동사　　부사

(날이 저물어 가고 있어, 너희 둘은 하루 동안 충분히 이야기했어.)

b) 부사

I know well enough what he is.
　　　부사　부사

(나는 그가 어떤 사람인지 아주 잘 알고 있어.)

He finished the work fast enough.
　　　　　　　　　　부사　부사

(그는 충분히 빠르게 그 일을 끝냈다.)

c) 형용사

You are ready enough. (너는 충분히 준비가 되어있다.)
　　　형용사　부사

He grew old enough to go to school.
　　　　형용사　부사

(그 애는 학교가기에 충분할 만큼 나이가 들었다.)

15) 강조도치 : 부사 + (조)동사 + 주어 + (본동사)

Well do I remember the day.
부사 조동사 주어 본동사

(나는 그 날을 잘 기억하고 있다.)

Little did he think that we should be watching him!
　부사 조동사 주어 본동사

(설마 우리들이 보고 있을 줄이야 그는 생각지도 못했다.)

3. 전치사·부사·접속사의 성격

1) 한 단어가 갖는 다양한 성격 및 의미 변화

a) 한 개의 단어가 전치사 · 부사 · 접속사 기능을 한다.

after

(전치사)

She closed the door <u>after</u> her. (그녀는 들어온 후 문을 닫았다.)
* after 뒤에 목적어 her가 와서 after는 전치사임.

(부사)

They lived happily ever <u>after</u>. (그들은 그 후 내내 행복하게 살았다.)
* after가 없어도 문장이 성립되고 after 뒤에 목적어가 없으므로 부사임.

(접속사)

<u>After</u> he comes, I am going to leave. (그가 온 후, 나는 떠날 예정이다.)
* 절 이 2개이므로 after는 접속사
* 우리말로는 전치사 · 부사 · 접속사가 모두 '후에', '뒤에'의 의미를 가지고 있으나 영어는 단어가 쓰여진 위치에 따라 품사가 결정되고 품사에 따라 단어의 뜻도 달라지는 경우가 있다.

but

(전치사) - ~외엔(외에), ~을 제외하고(제외한)

There was no one <u>but</u> me. (남은 사람은 나뿐이었다.)
* but 뒤에 목적어 me가 있어 but은 전치사

(부사) - 단지, 다만, 그저 ~ 일 뿐

He is <u>but</u> a child. (그는 겨우 어린아이에 불과하다.)
* is의 보어는 a child이므로 but은 부사

(접속사) - 그러나, 하지만, 그렇지만

He is poor <u>but</u> cheerful. (그는 가난하지만 명랑하다.)
* 형용사 poor와 cheerful을 연결하는 접속사

b) 한 단어가 유사한 뜻으로 전치사 · 부사로 쓰이는 경우도 있다.

down

(전치사) ~의 아래(쪽으)로, ~을 내려가

> There is a station two miles down the street.
> (이 길을 따라서 2마일 내려가면 정거장이 있다.)

(부사) 지면에, ~아래(쪽으로)

> They advanced 5 miles further down into the country.
> (그들은 시골을 향해 5마일 더 아래로 내려갔다.)

on

(전치사) ~(의 몸)에 지니고, ~에 붙여, ~에 달리어

> He put a bell on the cat. (그는 고양이에게 방울을 달았다.)

(부사) ~몸에 지니고(걸치고), 입고, 쓰고, 신고

> She helped me on with my coat.
> (그녀는 내가 상의를 입도록 도와주었다.)

c) 한 단어가 전치사로 쓰일 때와 부사로 쓰일 때 의미가 달라지는 경우도 있다.

about

(전치사) ~에 대하여

> He talks about business. (그는 사업에 대하여 이야기한다.)

~경(에), ~(때)쯤

> He came about four o'clock. (그는 4시경에 왔다.)

~둘레(주변)에, ~의 주위에(를)

> He put his arms about her. (그는 두 팔을 벌려 그녀를 안았다.)

(부사) ~ 대략, 약

> We walked for about 6 kilometers. (우리는 약 6킬로를 걸었다.)

둘레(주위)에, 둘레를, 주변을

　Look about and see if you can find it.
　(찾아 낼 수 있을까 주변을 둘러봐.)

근처에, 부근에

　There was no one about. (근처에는 아무도 없었다.)

d) 동사 뒤에 동일한 단어가 쓰여도, 전치사인가 부사인가에 따라 의미가 달라진다.

get on

- on이 전치사일 때

　① ~(의 위에) 올라가다, 오르다

　　Get on my shoulders and have a look over the fence.
　　(내 어깨에 올라가서 울타리 너머를 봐.)

　② (버스 · 열차 · 말 · 배 · 자전거 등)에 타다

　　Only one person at a time is allowed to get on the horses.
　　(한 번에 한 사람만이 말에 타게 되어 있다.)

　③ (사물에) 대해 이야기를 시작하다

　　How do we get on the subject of eating habits?
　　(우리는 먹는 습관에 관한 주제에 대해 어떻게 이야기를 시작 할까?)

- on이 부사일 때

　① (시간이) 가다, 늦어지다, (사람이) 나이를 먹다

　　As one gets on in years, one gets wiser but not stronger.
　　(사람이 나이를 먹으면서 좀 더 현명해 지지만 체력은 강해지지 않는다.)

　② (일이) 잘 되어 가다

　　How is your work getting on? (당신의 일이 잘 되고 있습니까?)

　③ 결과를 얻다, 성공하다, (학생을) 향상 시키다

　　My students didn't get on well in the early examination, but by

the end of the year all except three have passed.
(나의 학생들이 초기 시험에서는 별로 성적이 좋지 않았지만 연말 까지는 3명을 제외하고 모두 합격했다.)

④ (~와) 사이좋게 지내다, 마음이 맞다
How are you and your new neighbour getting on.
(새로 이사 온 이웃과 사이좋게 지내십니까?)
* 단순하게 보이는 문장 속에서 부사가 여러 개가 있는 문장이 있으며 위치가 엄격하다.

다른 품사와 겹치는 부사

	부사	접속사	형용사	자동사	타동사	명사	감탄사
abroad	○						
again	○						
ago	○						
apart	○		○				
away	○		○				
back	○		○	○	○	○	
close	○		○			○	
due	○		○			○	
else	○		○				
even	○		○	○	○		
ever	○						
far	○		○				
forward	○		○		○	○	
hence	○						
home	○		○	○		○	
just	○	○					
regardless	○		○				
seldom	○						
soon	○						
then	○	○	○			○	
together	○		○				
too	○						
very	○		○				
well	○		○			○	○

Chapter 7
관계사와 의문사 (Relatives & Interrogatives)

우리는 중학교부터 고등학교에 이르기까지 끊임없이 관계대명사로 who, which, that, what을 배운다. 그런데 이들은 관계대명사 기능 외에 제각각 여러 다른 품사의 기능을 한다. 예를 들면 who는 '관계대명사·의문사', which는 '관계대명사·의문사', that은 '관계대명사·관계부사·접속사·지시대명사', what은 '관계대명사·의문사·감탄사'의 성격을 갖는다. 또한 관계부사라고 하는 when, where, how, why와 복합관계사인 whoever, whichever, whatever, whenever, wherever, however도 역시 관계부사나 복합관계사 외에 다양한 성격을 갖는다. 그러므로 그 성격을 정확하게 파악하지 않으면 독해나 문제풀이에 어려움을 겪을 수 있다. 그래서 이들을 도표화해서 한눈에 특징을 파악할 수 있도록 비교 분석하고 예문을 들어 설명하려 한다.

도표는 - 관계대명사의 종류와 특성
- 관계형용사와 의문형용사   - 관계부사의 용법과 의미
- 복합관계대명사(관계사·의문사·접속사·감탄사의 관계)
- 복합관계형용사와 의문사   - 복합관계사의 역할로

자세하게 비교 분석해 놓았다.

특히 관계사와 의문사를 같이 묶어 설명하는 이유는 관계사와 의문사가 형태는 비슷하지만 그 쓰이는 방법에는 전혀 공통성이 없기 때문이다. 관계사절은 선행사를 수식하는 형용사절이고 간접의문문은 명사절로 기능이 전혀 다르다는 것을 이해하기 어려울 수 있다. 더욱이 직접의문문은 「의문사+조동사+주어+본동사?」이고 간접의문문은 「의문사+주어+동사」로 어순이 달라지는데, 의미는 동일한 것에 더욱 혼란스러워 한다. 그래서 차이점을 비교 설명하기 위해 관계사와 의문사를 한 데 묶었다.

A. 관계사

관계사는 앞 문장과 뒤 문장을 연결하는 접속사 역할을 함과 동시에 뒤 문장에서 대명사, 형용사, 부사 역할을 한다. 관계사는 앞에 선행사라는 명사를 수식하는 형용사절을 이끄는 구실을 한다. 관계사에는 관계대명사(Relative Pronoun), 관계형용사(Relative Adjective), 관계부사(Relative Adverb)가 있다.

1. 관계대명사

관계대명사는 '접속사 + 대명사'의 구실을 하며 앞에 있는 선행사를 꾸미는 형용사절을 이끈다. 따라서 관계대명사는 두 절을 연결하는 접속사 구실을 동시에 함으로써 대개 문장 중간에 와서 앞 절과 뒷 절을 연결한다.

- 단문

    I know the boy. He wants to see you.
    (나는 그 소년을 안다. 그는 너를 보고 싶어 한다.)
    I met a man. He is kind to everybody.
    (나는 한 남자를 만났다. 그는 모든 사람에게 친절하다.)

- 관계사문장

    I know the <u>boy</u> <u>who</u> wants to see you.
         선행사 관계대명사
    (나는 너를 보고 싶어 하는 그 소년을 안다.)
    * who는 앞문장과 뒤 문장을 연결하는 접속사 구실과 동시에 뒤 문장의 주어 역할을 한다.
    * 관계사절은 위 두 문장에서 소년과 그는 같은 사람으로 중복되어 뒤 문장 who로 이어짐

    I met a <u>man</u> <u>who</u> is kind to everybody.
    (나는 모두에게 친절한 남자를 만났다.)
    * 관계사절이 선행사(앞에 있는 명사)를 수식하여 한 문장을 만든다.

관계대명사가 받는 앞의 명사를 관계대명사의 선행사(Antecedent)라고 한다. 관계대명사는 이어지는 문장에서(관계사절) 역할에 따라 주어·목적어·보어의 구실을 한다.

관계대명사의 종류와 그 특성

관계사	주격	소유격	목적격	선행사	중요특징·용법	비고
who	who	whose	whom 타동사·전치사의 목적격	사람	제한적 용법과 계속적 용법	* 의문사로도 쓰임
which	which	whose, of which	which 타동사·전치사의 목적격	사물 동물	· 제한적용법과 계속적용법 · 앞문장 전체를 선행사로 하기도 한다 · 사람을 나타내는 명사·형용사를 선행사로 하기도 한다	* 의문사로도 쓰임
that	that		that	사람 사물 동물	· 제한적 용법만 있음 · 전치사를 앞에 두지 않는다 · 목적격 that이 생략되면 전치사는 동사 뒤에 둔다	* 접속사로도 쓰임 * 지시사로도 쓰임
what	what		what	선행사 포함(*2개의 명사 구실)	'~하는 것'의 의미로 선행사를 포함하고 주어·목적어·보어의 명사절을 유도함	* 감탄사로도 쓰임 * 의문사로도 쓰임

1) who(whose, whom)의 용법

a) 주격

The girl <u>who</u> asks a lot of questions is sitting in the front row.
(많은 질문을 하는 소녀가 앞줄에 앉아 있다.)

* 관계대명사 who는 해석하지 않는다.

The people <u>who</u> <u>sat</u> in the stadium cheered for the home team.
　　　　　　주어　동사
(스타디움에 앉아 있는 사람들은 홈팀을 응원했다.)

b) 소유격

He is a poet whose reputation has steadily grown.
　　　　　　　　　　명사 (그는 명성이 점차로 상승해 온 시인이다.)

* whose뒤에는 반드시 whose의 수식을 받는 명사가 온다.

This is the man whose son I spoke to yesterday.
　　　　　　　　　　명사
(이 사람은 내가 어제 그의 아들과 이야기했던 사람이다.)

c) 목적격

① 타동사의 목적격

I like the boy whom we call Tom.
(나는 Tom이라고 부르는 소년을 좋아한다.)

* whom은 타동사 call의 목적격

The children who(m) we saw in the park were feeding ducks in a pond.
(우리가 공원에서 본 어린이들은 연못에 있는 오리들에게 먹이를 주고 있었다.)

* who(m)은 타동사 saw 의 목적격

② 전치사의 목적격

Tom is the boy with whom I went there.
(= Tom is the boy whom I went there with.)
(Tom은 내가 그곳에 함께 갔던 소년이다.)

* 전치사는 목적어 whom 앞에 오기도 하고 관계사 문장 뒤에 오기도 함.

Your building supervisor is the person to whom you should complain if you have any problems with your apartment.
(당신의 빌딩관리인은 당신 아파트에 문제가 생긴다면 고충을 말해야 하는 사람이다.)

2) which(of which, which)의 용법

a) 주격

Radium, which is a rare element, is used in medicine.
(라디움은 희귀 원소로서 약에 사용된다.)

Flowers which grow in tropical climates usually have vibrant colors.
(열대 기후에서 자라는 꽃들은 일반적으로 생기 넘치는 강렬한 색을 가지고 있다.)

b) 소유격

The mountain whose summit you can see over there is Mt. Namsan.
(=The mountain of which the summit you can see over there is Mt. Namsan.)
(저쪽에 그 정상이 보이는 산이 남산이다.)
There is the professor whose course I am taking.
(내가 그 분의 과목을 수강하고 있는 교수님이 계셔.)

c) 목적격

① 타동사의 목적격

I like the picture which he painted. (나는 그가 그린 그림을 좋아 한다.)
　　　　　　　　　　　타동사
The lamp which I bought downtown is beautiful but quite expensive.
　　　　　　　　타동사
(내가 시내에서 산 전등이 예쁘지만 상당히 비싸다.)

② 전치사의 목적격

This is the house in which I was born.
(= This is the house which I was born in.)
(이것이 내가 태어난 집이다.)
The interviewer wanted to know the name of the college from which I had graduated.
(심사위원은 내가 졸업한 대학의 이름을 알고 싶어 했다.)

| which의 특별 용법 |

a) 계속적 용법에서 앞 문장의 일부 또는 전체가 선행사가 되는 경우

He said he was ill, which was a lie.
(그가 아프다고 말했는데, 그것은 거짓말이었다.)

Tom answered the phone, which made him late for school.
(톰은 전화를 받았는데, 그 때문에 학교에 지각했다.)

b) 사람을 나타내는 명사 또는 보어로 쓰인 형용사가 선행사인 경우

He looked like a lawyer - which he really was.
　　　　　　　　　명사
(그는 변호사처럼 보였으며 실제로 변호사였다.)

* 선행사가 명사인 경우는 사람의 지위 · 성격 · 인품 · 직위 등을 나타낸다.

He is poor, which she is not. (그는 가난한데, 그녀는 가난하지 않다.)
　　　형용사

* which she is not의 보어로 형용사를 선행사로 한다.

3) that의 용법

- that은 사람, 생물, 무생물 선행사에 두루 쓰인다.
- 제한적 용법으로만 쓰인다.
- 소유격이 없다.

a) 주격

I know a boy that(=who) speaks French well. – 선행사는 사람
(나는 프랑스어를 잘 하는 소년을 안다.)

They went to a place that(=which) had a great fall. – 선행사는 사물
(그들은 큰 폭포가 있는 곳으로 갔다.)

b) 목적격

ⓐ 타동사의 목적격

I know a boy that(=whom) the king praised. – 선행사는 사람
　　　　　　　　　　　　　　　　타동사
(나는 국왕이 칭찬한 소년을 알고 있다.)

Here is a question that(=which) you have to answer. – 선행사는 사물
　　　　　　　　　　　　　　　　　　　　타동사
(여기에 네가 대답해야 할 질문이 있다.)

ⓑ 전치사의 목적격

The first thing that he thought of was to visit the place again.
　　　　　　　　　　　　　　　　전치사
(그가 우선 생각한 것은 그 장소를 다시 한 번 찾아가 보는 것이었다.)

These are toys that my brother plays with.
                                  전치사
(이것들은 나의 동생이 가지고 노는 장난감들이다.)
* 전치사 + that은 쓸 수 없고 관계사 문장 속에서 전치사를 동사 뒤에 써야 한다.

| that의 특별 용법 |

다음과 같은 경우에는 who, which를 쓰지 않고 that만 쓴다.

a) 선행사가 최상급 형용사나 서수의 수식을 받을 때

This is the tallest building that I have ever seen.
(이것은 내가 지금까지 본 가장 높은 빌딩이다.)
He is the first boy that solved this problem.
(그는 이 문제를 푼 최초의 소년이다.)

b) 선행사에 the only, the very, the same 따위가 있을 때

He completed the very picture that I wanted.
(그는 내가 원했던 바로 그 그림을 완성했다.)
This is the only camera that I never parted with in life.
(이것은 평생 한 번도 내 손에서 놓아 본 적 없는 단 하나의 카메라이다.)

c) every, all, no, any, few, little, much 등이 선행사 앞에 있을 때

Is there anything that I can do for you?
(내가 당신을 위해 할 수 있는 것이 있습니까?)
This is all the money that he has.
(이것이 그가 갖고 있는 돈의 전부이다.)

d) 선행사가 '사람 + 동물' '사람 + 사물'로 되어 있을 때

A man and his dog that were passing by were injured.
(지나가던 사람과 그의 개가 부상을 당했다.)
The pedestrians and vehicles that cross this bridge are counted automatically.
(이 다리를 걸어서 건너는 사람들과 차량은 자동적으로 계산된다.)

e) 의문대명사가 선행사 일 때

>Who is the gentleman that is standing over there?
>(저기 서 있는 신사는 누구냐?)
>
>Who that has common sense can believe such a thing?
>(상식이 있는 사람이라면 누가 그런 것을 믿을 것인가?)

[주의] 선행사에 that · those가 있을 때는 관계대명사 that을 쓰지 않는다.

4) what의 용법

관계대명사 what은 그 자체에 선행사를 포함하여 앞 문장에서 명사(선행사) 하나와 뒤 문장에서 명사 하나로 두 개의 명사(명사+명사)의 역할을 한다. 다른 관계대명사인 who, which, that은 뒤 문장에서만 대명사 역할을 해서 앞에 선행사를 수식하는 형용사절을 이끄는 반면에 관계대명사 what절은 명사절로 쓰인다. what이 의미하는 것은 다음과 같다.

>the thing(s) which ~ 하는 것
>all that ~ 하는 것은 모두
>anything that ~ 하는 것은 무엇이나

a) 주격

>What(=The thing which) happened after that was interesting.
>(그 후에 일어난 일은 재미있었다.)
>* what은 happened의 주어이면서 동시에 was의 주어임.
>
>What she chose were all excellent.
>(그녀가 선택한 것은 모두 우수했다.)
>* what은 chose의 목적어이면서 동시에 were의 주어임.

b) 보어

>This is what(=the thing which) he did. (이것이 그가 한 것이다.)
>* what은 is의 보어이면서 동시에 did의 목적어임.
>
>These cups are what he bought in Europe.
>(이 컵들은 그가 유럽에서 산 것들이다.)
>* what은 are의 보어이면서 동시에 bought의 목적어임.

c) 목적격

He spent what(=all that) he had earned.
(그는 번 것은 모두 써 버렸다.)
* what은 spent의 목적어이면서 동시에 earned의 목적어임.

I don't believe what he said. (나는 그가 말한 것을 믿지 않는다.)
* what은 believe의 목적어이면서 동시에 said의 목적어임.

what이 이끄는 절은 명사절이다

주어절

What he said is true. (그가 말한 것은 사실이다.)
* what절 전체가 is의 주어로 명사절임.

보어절

This is what I don't understand well.
(이것이 내가 잘 이해 못하는 것이다.)
* what절이 is의 보어로 명사절임.

목적절

Give him what(=anything that) you can.
(네가 줄 수 있는 것은 무엇이나 그에게 주어라.)
* what절은 give의 직접목적어로 명사절임.

what의 관계대명사와 의문대명사의 구별(=간접의문문)

what이 간접의문문일 때는 주어의 동사가 타동사인 ask, believe, doubt, guess, think, wonder 등이 온다.

He gave me what I wanted. - 관계대명사
(그는 나에게 내가 원하는 것을 주었다.)
* give는 간목·직목을 가져오는 동사로 what절은 명사절임.
* what은 give의 직접목적어와 wanted의 목적어로 관계대명사

He asked me what I wanted. – 의문대명사
(그는 나에게 내가 원하는 것이 무엇인지 물어봤다.)
* 주절의 동사 ask는 의문사절을 목적절로 함.
* what은 의문대명사로 간접의문문 유도

5) 제한적용법과 계속적용법

who와 which에는 제한적용법과 계속적용법이 있다. 계속적 용법은 흔히 who, which앞에 콤마(,)가 있어 끊고 and, but, for, though 등의 의미를 넣는다.

a) 제한적용법(제한적용법은 형용사로 쓰인다는 의미이다)

There were few passengers who escaped without injury.
(상처 입지 않고 도망간 승객은 거의 없었다.)
The book which I enjoyed was written by an American.
(내가 즐겨 읽었던 책은 미국인이 쓴 것이다.)

b) 계속적용법(콤마(,)가 있으며 앞에서부터 뒤로 계속해서 접속사를 넣어주며 해석)

There were few passengers, who escaped without injury.
(승객은 거의 없었지만 그들은 상처 입지 않고 도망쳤다.)
The book, which I enjoyed, was written by an American.
(이 책은 내가 즐겨 읽었지만, 미국인이 쓴 것이다.)

6) 관계대명사의 생략

다음과 같은 경우에는 관계대명사를 생략 할 수 도 있다.

a) 주격관계대명사

① '주격관계대명사 + be'가 생략 가능

That watch (which is) on the table is hers.
(책상 위에 있는 시계는 그녀의 것이다.)
Look at the boy (who is) sleeping under the tree.
(나무 아래에서 자고 있는 저 소년을 봐.)

② 관계대명사가 be동사의 보어가 되는 경우

She is not a cheerful woman (that) she was before she married.
(그녀는 결혼 전 그 쾌활했던 여성이 아니다.)
I'm not the fool (that) you thought me (to be).
(나는 당신이 생각한 것과 같은 바보는 아니다.)

③ There is (are), He is (was), It is(was) 다음의 주격 관계대명사

There is a man at the door (who) wants to speak to you.
(너에게 말을 하고 싶어 하는 사람이 문 앞에 있다.)
It is not every young man (that, who) gets a chance like that.
(모든 젊은이들이 그와 같은 기회를 얻은 것은 아니다.)

④ 관계사절이 there is(are)로 시작하는 경우

It's the only pine-tree (that) there is in the village.
(이것은 마을에 있는 단 하나의 소나무이다.)
She has every opportunity (that) there is.
(그녀는 존재하는 모든 기회를 이용한다.)

b) 목적격관계대명사

① 타동사의 목적격

The lawyer (whom, that) I consulted gave me some useful advice.
　　　　　　　　　　　　　　타동사
(내가 상담했던 변호사가 나에게 약간의 유익한 조언을 해주었다.)
The book (that) you sent to me is very interesting.
　　　　　　　　　　타동사
(네가 어제 보내준 책은 아주 재미있어.)

② 전치사의 목적격

The book (which, that) she was looking for was found at a second-hand
　　　　　　　　　　　　　　　　　　전치사
bookstore.
(그녀가 찾고 있던 책이 중고서점에서 발견되었다.)

This is the hotel (which, that) we stopped at last time.
　　　　　　　　　　　　　　　　　　　　전치사

(이것이 우리가 지난번에 묵었던 호텔이다.)

2. 관계형용사 (Relative Adjective)

관계형용사는 '접속사 + 형용사'의 기능을 한다. 관계형용사에는 whose, which와 what이 있다.

관계형용사와 의문형용사

(which, what은 관계대명사 외에 관계형용사, 의문사도 있다)

	관계형용사	의문사(형용사)
whose	관계형용사 관계대명사 who의 소유격; 그 사람(그 물건)의, ~ 이 하는(~ 인)	의문대명사 who의 소유대명사; 누구 것 의문형용사 who의 의문형용사; 누구의
which	관계형용사 1. 제한적용법 : 어느 ~ 이나(이든) 2. 계속적용법 : ~, 그리고(했는데)	의문형용사 어느, 어떤 쪽의(사람, 사물 다 받음) 간접의문문이나 to do 형태
what	관계형용사 ~ 하는 ~ 은 무엇이든, (~ 할) 만큼의	의문형용사 무슨, 어떤, 얼마만큼의 간접의문문의 절을 이끌어; 무슨, 어떤, 얼마만큼의

• 품사가 달라지면 의미도 달라진다. 그런데 한 단어는 여러 가지 품사로 쓰일 수가 있어 문장 속에서 단어의 위치를 살펴야 한다.

1) whose (사람 · 물건)의, ~ 이 하는(인)

There lived a boy whose name was Jim.

(Jim이라는 이름의 소년이 살았다.)

* whose는 name을 수식하는 형용사

The man whose ladder we borrowed lives at the corner.

(우리들이 사다리를 빌린 그 사람은 길모퉁이에 살고 있다.)

2) which 어느 ~ 이나

Go which way you please, you'll end up here.
(어느 길을 가든 결국은 여기에 오게 돼.)
* which는 way를 수식하는 형용사

He stayed there for a week, during which time he visited his old friend.
(그는 일주일 동안 거기서 머물렀다, 그리고 그 동안에 옛 친구를 방문했다.)
* which는 time을 수식하는 형용사

3) what ~ 할 만큼의, (~ 하는) ~ 은 무엇이든지

Lend me what money you can.
(가능한 만큼 돈을 빌려주시오.)
* what은 money를 수식하는 형용사

He saved what little money he earned.
(그는 번 돈은 적었지만 전부 저축했다.)
* what은 money를 수식하는 형용사

3. 관계부사 (Relative Adverb)

관계부사는 '접속사 + 부사'의 기능을 한다. 관계부사에는 where(장소), when(시간), why(이유)가 있고 '전치사 + which'로 바꿀 수 있다.

- (the place) where = in(at) which
- (the time) when = at(on) which
- (the reason) why = for which

　　* 전치사 + which로 쓸 때 전치사는 선행사에 따른다.
　　* how는 the way만을 쓰든가, how만을 쓴다.
　　the way that이나 the way in which로 쓴다.

| 관계부사 용법과 의미 |

(관계사, 의문사, 접속사, 감탄사)

When

- 관계부사 : 때에 관한 선행사와 결합하여 at which, in which, on which,

during which 따위에 해당

1. 제한적 용법; ~ 하는(한, 할) 때
2. 계속적 용법;(~ 하자) 그때 (흔히 when앞에 콤마가 옴)
3. 선행사를 포함한 명사절을 이끌어; ~ 할 때
* 전치사 뒤에서 비제한 적용법; 그리고, 그때

> I don't know the exact time when the train leaves. (at which)
> (기차가 출발하는 정확한 시간을 모른다.)
> Monday is the day when people feel blue. (=on which)
> (월요일은 사람들이 우울해 지는 날이다.)

- 의문부사

  1. 언제, 어떤 때에: 1) 단순구문에서, 2) 부정사와 함께 또는 절속에서
  2. 어떤 때에, 어느 경우에
  3. 어느 정도에서, 얼마쯤에서

- 종속접속사

  at the time, at which 따위에 상당
  1. · ~ 할 때에, ~ 하니
     · (흔히 현재시제의 문장에서) ~ 할 때는 언제나
     · (~ 하는데) 그때(주절이 진행형 또는 과거완료형으로 나타날 때)
     · ~ 한 뒤, (~ 하면) 곧
  2. (형용사절로서 바로 앞 명사를 수식하여) 할(한) 때의
  3. ~ 하면
  4. (주절과 상반하는 내용의 부사절을 이끌어)하는데, ~ 해도
  5. ~ 하므로, ~ 을 생각하면

Where

- 관계부사: 선행사는 장소, 경우를 나타내는 명사
  1. 제한적용법; ~ 한(바의)
  2. 계속적용법(흔히 앞에 콤마가 옴); 그러자(그리고), 거기서(로), 왜냐하면

거기서는

3. (선행사를 포함하여) ~ 하는 장소, ~ 한 점

* (전치사를 수반하여) ~ 하는(한), 바의

> There are cases <u>where</u> this rule does not hold good.(=in which)
> (이 규칙이 맞지 않는 경우도 있다.)
> This is the house <u>where</u> John was born. (=in which)
> (이곳은 John이 태어난 집이다.)

− 의문부사

1. 어디에, 어디서(로): 1) 단순구문에서, 2) 부정사와 함께, 또는 절속에서
2. 어떤 점에서
3. 어떤 입장(상태)에(로)

* (전치사의 목적어로)어디, 어떤 곳, 어떤 점

− 종속접속사

1. ・ ~ 하는 곳에(곳으로), ・ ~ 하는 곳은 어디라도
2. ~ 할 때(경우)에
3. (대조, 범위) ~ 한데, ~ 하는 한은

Why

− 관계부사

1. 제한적용법; ~ 하는(이유): reason(s)을 선행사로 하며, why는 종종 생략됨
2. 선행사 없이 명사절을 이끌어; ~ 한 이유

> We all know the reason <u>why</u> he failed. (=for which)
> (우리들 모두는 그가 실패한 이유를 안다.)
> That is the reason <u>why</u> he was late. (=for which)
> (그것은 그가 지각한 이유이다.)

− 의문부사: 왜, 어째서(이유, 목적을 물음)

> <u>Why</u> were you late for the meeting?
> (너는 회의에 왜 늦었니?)

- 감탄사: 비교적 낮은 내림조로 말하며
    1. 뜻밖의 발견, 인식을 나타내어; 아니, 저런, 어머, 그야 물론(이지)
    2. 반론, 항의를 나타내며; 뭐라고, 뭐야
    3. 망설임을 나타내거나 이음말로서; 에, 저, 글쎄요, 그렇군요
    4. If절에 계속되어; 그럼, 그때에는

How

- 관계부사
    1. 제한적 용법: ~하는 방법
       how 가 제한적용법으로 ~ 하는 방법의 뜻으로 쓰이긴 해도 선행사 the way 와 함께 쓰이지 못한다.
       the way 를 쓰면 how 를 못 쓰고, how 를 쓰면 the way를 쓸 수 없다.

- 의문부사
    1. 방법, 수단: 어떻게, 어찌, 어떤 방법(식)으로
    2. 정도: ① 얼마만큼, 얼마나, ② 종속절을 이끌어
    3. 상태, 형편: 어떤 상태로(형편에)
    4. 이유: 어찌하여, 어떤, 무슨) 이유로, 왜
    5. 상대의 의도, 의견을 물어: 어떻게, 어떤 뜻으로(의미로), 어찌 할 셈으로
    6. 명사절을 이끌어: ~ 한 경우

- 감탄문
    얼마나 ~ 할(일)까!, 정말(이지)!
    | How nice the weather is! (정말 날씨가 좋구나!)

관계부사와 명사절·형용사절·부사절의 관계

명사절

| I know (the place) where he was born.
(나는 그가 태어난 곳을 안다.)
* 타동사 know의 목적어로 명사절

Tell me (the time) <u>when</u> he will come.
(그가 올 때를 나에게 말해 줘.)

* tell의 직접목적어로 명사절

This is (the reason) <u>why</u> I got up early this morning.
(이것이 오늘 아침 내가 일찍 일어난 이유이다.)

* is의 보어로 명사절
* 선행사가 생략되면 타동사의 목적어나 be동사의 보어가 되는 명사절이다.

− 관계부사가 생략되는 경우도 있다

This is the bookstore I found the book.
(이곳이 내가 그 책을 발견한 서점이다.)
That was the year I joined the company.
(그 해는 내가 회사에 입사한 해이다.)
That is the reason I attend the party.
(그것이 내가 파티에 참석 하는 이유이다.)

형용사절

관계사절은 앞에 있는 선행사를 수식하는 형용사절로도 쓰인다.

This is <u>the city</u> <u>where</u> I spent my childhood.
      선행사   (이곳은 내가 어린 시절을 보낸 도시이다.)
It is <u>the time</u> <u>when</u> I should begin the work.
    선행사   (지금이 내가 작업을 시작해야 할 때이다.)
We all know the <u>reason</u> <u>why</u> he failed.
               선행사
(우리 모두는 그가 실패했던 이유를 알고 있다.)

부사절

I found this knife <u>where</u> I found my hat.
(내 모자를 찾은 곳에서 이 칼을 찾았다.)

* 주절의 문장이 3형식으로 완벽하고 장소를 나타내는 부사절임.

You may come <u>when</u> I am free. (내가 한가할 때 와도 좋아.)

* 주절이 1형식으로 완벽하고 시간을 나타내는 부사절임.

4. 유사관계대명사

as, but, than은 유사관계대명사라 하며 관계대명사 역할을 하기도 한다. 유사관계대명사는 격변화가 없다. 또한 접속사의 용법과 비슷하여 특히 문법적으로 검토할 필요가 있다.

1) as

a) 상관어구와 함께 쓰이는 경우: as ~ as, such ~ as, so ~ as, the same ~ as

- as ~ as : ~ 만큼 ~ 한

  As many men as came were caught. (온 사람은 모두 잡혔다.)
  * 두 번째 as는 관계대명사로 came의 주어이면서 두 문장을 연결하는 접속사 역할도 함

  He is as honest a man as ever lived.
  (그 사람만큼 정직한 사람은 없다.)
  * 두 번째 as는 관계대명사로 lived의 주어이면서 두 문장을 연결하는 접속사 역할도 함.

- such ~ as : ~ 와 같은 그러한

  Choose such friends as will benefit you.
  (너에게 이익이 될 친구를 선택하여라.)
  * will benefit의 주어로 friends가 선행사

  Let us discuss such things as we can talk of freely.
  (자유로이 이야기 할 수 있는 그런 것들을 토의합시다.)
  * of의 목적어로 선행사는 things

- so ~ as : ~ 할 만큼 ~ 한(하게), ~ 하게도 ~ 하다

  We are given just so much food as will keep the breath in our bodies.
                                        주어
  (우리는 겨우 체내에서 숨을 쉴 만큼의 식량밖에 주어지지 않는다.)

  I don't have so many friends as you.
                                목적어
  (나는 너 만큼 그렇게 많은 친구가 없다.)
  * ~ as you have에서 have가 생략된 형태의 문장으로 as는 have의 목적어임.

- the same ~ as : ~와 같은 것

    I have the same trouble as you have.
    (나도 너와 같은 괴로움이 있다.)
    * as는 have의 목적어이며 the same trouble이 선행사
    They speak the same language as we do.
    (그들은 우리가 말한 것과 똑같은 언어를 말한다.)
    * as는 do의 목적어로 the same language가 선행사

as 접속사

~ 한(하는) 것과 같이, ~ 대로, (~ 와) 마찬가지로

    Do as I tell you. (내 말대로 해라.)
    * as 뒤에 완전한 문장
    You may dance as you please. (너 좋을 대로 춤춰도 돼.)
    * as 뒤에 완전한 문장

2) but(=That ~ not) ~ 하지는 않지만 그러나

but은 that ~ not의 의미로 부정어를 선행사로 한다.

    There is scarcely a man but speaks ill of him.
    (그를 욕하는 사람은 거의 없다.)
    * but은 speak의 주어로 a man이 선행사
    There is no rule but has some exception.
    (예외 없는 규칙은 없다.)
    * but은 has의 주어로 no rule이 선행사

but이 접속사인 경우

하지만 그러나

    He is poor but cheerful. 〈형용사 poor와 cheerful 연결〉
    (그는 가난하지만 명랑하다.)
    True, he is young but he is well read. 〈문장과 문장 연결〉

(확실히, 그는 젊지만 대단히 박식하다.)
You may not believe it, but that's true. 〈문장과 문장 연결〉
(너는 그것을 믿지 않을지 모르지만, 그건 사실이야.)

3) than ~ 보다는, ~ 이상으로

There is more money than is needed.
(필요 이상의 돈이 있다.)
* than은 be needed의 주어이며 money가 선행사

Don't use more words than are necessary.
(필요 이상의 말을 하지 마)
* than은 are의 주어로 선행사 more words

- 관계사 than은 more(many 또는 much의 비교급) ~ than
  less(little의 비교급) ~ than
  관계사 than 은 명사 자리에 있음.

- than이 접속사로 쓰일 때 : ~ 보다, ~ 에 비하여, ~ 와 비교하여

  He loves you more than he loves me.
  (그가 나를 사랑하는 것 보다 너를 더 사랑해.)
  He accomplished more than what was expected of him.
  (그는 기대 이상의 것을 이루었다.)

- than이 전치사로 쓰일 때 : ~ 보다도

  Here is Mr.kim, than whom there is no better authority on the subject.
                        전치사 목적어
  (여기 미스터 김이 있지만, 그 문제에 관해서는 그 보다 더 훌륭한 권위자가 없다.)
  * than 뒤에 목적어 whom이 있어 전치사임.

  He is taller than me. (그는 나보다 크다.)
              전치사 목적어
  * than 뒤에 목적어 me가 있어 전치사임.

> ### than의 관계대명사·접속사·전치사의 비교
>
> 품사와는 관계없이 '~ 보다'라는 의미로 사용되는 than의 품사가 다양하다.
>
> 관계대명사 : 비교급에 이어지는 관계사절에서 주어·목적어·보어의 구실을 한다.
>
> > Things went <u>better</u> <u>than</u> had been expected.
> >   비교급   관계사주어   (예상 외로 일이 잘 풀렸다.)
> >
> > * than은 had been의 주어임.
>
> 접속사 : 문장 + than + 문장
>
> > Things went better <u>than</u> we had expected.
> >   접속사   (예상 외로 일이 잘 풀렸다.)
>
> 전치사
>
> > You drove at more <u>than</u> 60 miles per hour.
> >   전치사
> > (너는 시간당 60마일 이상으로 차를 몰았어.)
> >
> > * than뒤에 명사 60마일이 와서 전치사임.

5. 복합관계사 (Compound Relatives)

who, which, what, when, where, how에 ever가 추가된 형태를 복합관계사라 한다. 복합관계사에는 복합관계대명사, 복합관계형용사, 복합관계부사가 있다. 복합관계사절은 명사절, 부사절을 이끈다.

복합관계대명사

	복합관계대명사	의문사
whoever	1. 명사절 유도; ~ 하는 누구든지 2. 양보를 나타내는 부사절 유도; 누가 ~ 하더라도(하여도)	도대체 누가
whichever	1. 명사절 유도; ~ 하는 어느 것(쪽)이든(지) 2. 양보를 나타내는 부사절 유도; 어느 것(쪽)을(이) ~ 하든지	도대체 어느 쪽(의)
whatever	1. 명사절 유도; ~ 하는 모든, ~ 하는 어떤 것도 2. 양보를 나타내는 부사절 유도; 어떤 ~ 이라도	도대체 무엇을(무엇이)

1) 복합관계대명사 – 명사 역할을 함.

a) whoever ~ 하는 누구든지, 누가 ~ 하더라도

Whoever violates this law shall be punished.
(이 법을 어기는 사람은 누구든지 벌을 받을 것이다.)
* violates와 shall be의 주어

He told the story to whoever would listen to.
(그는 귀를 기울이는 사람이면 누구에게나 그 이야기를 해주었다.)
* 전치사 to의 목적어와 would listen의 주어

You may invite whomever you like.
(네가 좋아하는 사람이면 누구라도 초대해.)
* invite와 like의 목적어

b) whichever ~ 하는 어느 것(쪽)이든(지)

Buy whichever pleases you better.
(어느 쪽이든지 더 마음에 드는 것을 사라.)
* buy의 목적어와 pleases의 주어

Take whichever you want. (어느 것이든 네가 원하는 것을 가져라.)
* take와 want의 목적어

c) whatever ~ 하는 모든, ~ 하는 어떤 것도

I will give you whatever you need. (네가 필요한 어떤 것도 주겠다.)
* give의 직접목적어와 need의 목적어

His mother gave him whatever he asked for.
(그의 엄마는 그가 달라면 무엇이든 줬다.)
* gave의 직접목적어와 for의 목적어

* 복합관계대명사는 선행사를 포함하고 있어 2개의 명사 구실을 한다.

2) 복합관계형용사 – 형용사 역할

whichever가 형용사로 「~ 하는 어느」, 「어느 쪽이든」의 의미로 쓰이며,
whatever는 「~ 하는 모든」, 「~ 하는 어떤 ~ 도」의 의미로 형용사로 쓰임.

복합관계형용사와 의문사

	복합관계형용사	의문사
whichever	1. 명사절을 유도: ~ 하는 어느 쪽이든 2. 양보를 나타내는 부사절을 유도: 어느(쪽)이 ~을 하여도	도대체 어느 쪽의
whatever	1. 명사절 유도: ~ 하는 모든, ~ 하는 어떤 ~ 도 2. 부사절 유도: 어떤 ~ 이라도 3. no, any 따위가 있는 부정적 문장에서: 조금도 ~ 이 없는	

- whichever와 whatever는 복합관계대명사이기도 하며 복합관계형용사이기도 하다. 더구나 그 의미도 비슷하여 혼란스러우나 대명사일 때는 주어나 목적어 자리에 오고 형용사일 때는 뒤에 명사가 온다. 형태와 의미가 비슷하지만 단어의 위치에 따라 기능은 완전히 다르다.
- however는 부사, 의문사(how의 강조형), 접속사가 있다.
 1. 부사(양보 절을 이끌어)
    1) 정도; ~ 할지라도(해도)
    2) 방식; 어떤 (방)식으로 ~ 하더라도, 아무리 ~ 해도
 2. 의문사; 도대체(대관절) 어떻게(해서)
 3. 접속사
    1) 그러나, 그렇지만, 하지만
    2) (~ 하는) 어떤 방식으로라도

You may read whichever book you like.
　　　　　　　　　　　명사
(네가 좋아하는 어느 책이든 읽어도 좋다.)
* whichever 뒤에 명사 book이 와서 형용사임.

Take whichever picture you like.
　　　　　　　　명사
(네가 좋아하는 사진은 어느 것이든 가져.)
* whichever 뒤에 명사 picture가 와서 형용사임.

You may read whatever book you like.
　　　　　　　　　　명사
(네가 좋아하는 어떤 책이라도 읽어도 좋아.)
* whatever 뒤에 명사 book이 와서 형용사임.

Whatever orders he gives are obeyed.
(그가 내리는 어떤 명령도 잘 지켜진다.)
* orders를 수식하는 형용사 이면서 동시에 are obeyed의 주어임.

3) 복합관계부사 - 양보의 부사절을 유도

- whoever(=no matter who) 누가 ~ 하더라도(하여도)
- whichever(=no matter which) 어느(쪽)이 ~ 을 ~하여도, 어느 쪽이 ~ 을 하든
- whatever(=no matter what) 어떤 ~ 이라도
- wherever(=no matter where) 어디서 ~ 을 하여도, 어디든지
- whenever(=no matter when) 언제 ~ 하더라도, ~ 할 때에는 언제든지
- however(=no matter how) 아무리 ~ 할지라도, 어떤(방)식으로 ~ 하더라도

복합관계사의 역할

	복합관계대명사	복합관계형용사	복합관계부사	부사	의문사	접속사
whoever	명사절유도		부사절유도		O	
whichever	명사절유도	명사절유도	부사절유도		O	
whatever	명사절유도	명사절유도	부사절유도		O	
whenever	명사절유도		부사절유도	O	O	
wherever			부사절유도		O	
however			부사절유도	양보절유도	how(의문사) 강조	O

복합관계사 중 whoever, whichever, whatever, whenever는 명사절과 부사절을 유도하고, 복합관계형용사 중 whichever, whatever는 명사절과 부사절을 유도하고, 복합관계부사 중 whenever, wherever, however은 부사절을 유도한다.

1) 명사절과 부사절

a) whoever

명사절 : ~ 하는 누구든지

> <u>Whoever</u> says so is a liar.(=anyone who)
> (그런 말을 하는 사람은 누구나 거짓말쟁이다.)
> * whoever 절은 is의 주어로 명사절임.

부사절 : 누가 ~ 하더라도

Whoever says so, it is a lie.(=no matter who)
(누가 그렇게 말해도 그것은 거짓말이다.)
* 주절 it ~ a lie가 완벽해 whoever절은 부사절

b) whichever

명사절 : 어느 쪽(의)이든지, 어느 것이든지

You may choose whichever you like.
(어느 쪽이든지 좋은 것을 골라도 좋아.)
* whichever은 choose의 목적절로 명사절임.

부사절 : 어떻든, 어느 쪽이 ~ 이든지

Whichever won, I was equally pleased.
(어느 쪽이 이기든지 나는 똑같이 기뻤다.)
* 양보의 부사절로 주절인 I ~ pleased가 완벽함.

c) whatever

명사절 : ~ 하는(~ 인) 것은 무엇이든지

Don't listen to whatever he may say.(=anything what)
(그가 무슨 말을 하든 듣지 마라.)
* 전치사 to의 목적어와 say의 목적어로 명사 2개임.

부사절 : 무엇을(무엇이) ~ 하든지

Don't listen to him, whatever he may say.(=no matter what)
(그가 무엇을 말하든지 그의 말을 듣지 마.)
* 주절이 완전한 문장이므로 whatever절은 부사절임.

d) whenever ~ 할 때는 언제든지

명사절

Let me know whenever you come.
(오실 때는 언제든지 알려 주세요.)
* whenever절은 타동사 know의 목적절로 명사절임.

부사절

> <u>Whenever</u> I am in trouble, I consult him.
> (내가 곤란에 처 할 때마다 그와 의논을 한다.)
> * whenever절은 부사절로 주절 I ~ him이 완벽함.

2) 부사절

a) however 아무리 ~ 할지라도

> <u>However</u> carefully I (may) write, I sometimes make mistakes.
> (아무리 주의해서 글을 써도 가끔 실수를 한다.)
> * however절은 양보의 부사절·주절인 I ~ mistakes 절이 완벽함.

b) wherever 어디서나

> <u>Wherever</u> he is, he must be found.
> (어디에 있든 그를 찾아내지 않으면 안 된다.)
> * wherever절은 양보의 부사절임.

관계대명사(what), 부사(how), 관계부사(when) 등이 문장에서 얼마나 중요한 역할을 하는지는 다음 문장에서 잘 보여 준다.

> <u>What</u>'s important at the moment is not <u>how</u> much you achieve, but <u>how</u> much you learn about the process of achieving. Because once you learn the process, you can apply it in the field or area of your choice, <u>where</u> you want to use the gifts you have.
> (바로 이 순간에 중요한 것은 당신이 얼마나 많은 것을 성취 하느냐가 아니라 성취과정에 대해 얼마나 많은 것을 배우냐 하는 것이다. 왜냐하면 당신이 일단 과정을 배우면 당신이 선택한 분야나 영역에서 그것을 적용할 수가 있기 때문이다. 그때 당신이 가지고 있는 재능을 사용하고 싶어 진다.)

B. 의문사

의문사는 문장 일부 중 알지 못하는 것을 〈누구 who〉, 〈무엇 what〉, 〈어디 where〉, 〈언제 when〉, 〈어떻게 how〉, 〈왜 why〉, 〈어느 것 which〉를 이용해 상대방에게 질문을 하는 단어를 말한다. 의문사에는 '의문대명사, 의문형용사, 의문부사'가 있다. 의문사는 관계사와 형태가 같아 혼란스럽다. 그러나 문장 속에서 위치(=구조)와 그 기능의 차이를 이해하면 쉽게 구분할 수 있다.

의문사의 종류

- 의문대명사 : who, which, what
- 의문형용사 : which, what
- 의문부사 : where, when, why, how

의문사를 사용한 의문문을 '특수의문문'이라 하고 의문사를 사용하는 의문문에는 '직접의문문'과 '간접의문문이' 있다. 의문사를 사용하지 않는 의문문은 '일반의문문'이라 한다.

1. 직접의문문

1) 의문대명사

형태는 『의문사 + 동사 + 주어』의 꼴로 독립적인 문장으로 쓰인다. 의문대명사는 관계대명사와 같이 격 변화가 있다.

의문대명사의 격 변화

지시대상 \ 격	주격	소유격	목적격	의미
사람	who	whose	whom	누구, 어느 사람, 어떤 사람
특정 인, 특정사물	which		which	어느 것, 어느 쪽(사람)
불특정 인, 불특정사물	what		what	무엇, 어떤 것(일), 무슨 일

a) who (주격, 보어)

> Who is coming with me? - I am. – who = 주어
> (누가 나와 함께 갑니까? – 접니다.)
> Who are these boys? - They are my brothers. – who = 주격보어
> (이 소년들은 누구입니까? – 그들은 내 형제들입니다.)

b) whose (소유격)

> Whose book is this? - It is mine.
> (이 책은 누구 것입니까? – 내 것입니다.)
> Whose smart phone is this? (이것은 누구의 휴대폰 입니까?)

c) whom (목적격)

① 타동사의 목적격

> Who(m) did she visit yesterday evening?
> (그녀는 어제 저녁 누구를 방문했습니까?)
> * 타동사 visit의 목적어
> Who(m) do you want to see? (누구를 만나보고 싶니?)
> * 타동사 see의 목적어.

② 전치사의 목적격

> Who(m) does the baby take after?(애기는 누구를 닮았습니까?)
>   전치사
> * 전치사 after의 목적어이다.
> Who are you looking at? (누구를 찾고 있습니까?)
>   전치사
> * 전치사 at의 목적어

d) which (주격)

> Which is the largest? - This blue one is. – 사물
> (어느 것이 가장 큽니까? – 이 파란 것입니다.)
> Which is your father in this photo? – 사람
> (이 사진에서 너의 아버지는 어느 분이시니?)

e) which (목적격)

   ① 타동사의 목적격

      Which do you like better, tea or coffee? - I like tea better.
      (당신은 홍차나 커피 어느 것을 더 좋아합니까? – 홍차를 더 좋아 합니다.)
      * 타동사 like의 목적어

      Which do you prefer, beer or whisky?
      (당신은 맥주와 위스키 중 어느 것을 좋아 합니까?)
      * 타동사 prefer의 목적어

   ② 전치사의 목적격

      The picture at which you are looking is one of Picasso's.
             전치사
      (당신이 보고 있는 그림은 피카소의 작품 중 하나다.)

      Which Smith were you talking to?
                      전치사
      (어느 Smith씨와 이야기 하고 있었습니까?)

f) what (주격 · 보어)

      What happened? (무슨 일이 일어났는가?)
      * what은 주어

      What is this ? (이것은 무엇인가?)
      * what은 보어, this가 주어임.

g) what (목적격)

   ① 타동사의 목적격

      What do you mean? (무슨 뜻입니까?)
      * 타동사 mean의 목적어

      What would you like to drink? (무엇을 드시겠습니까?)
      * 타동사 drink의 목적어

   ② 전치사의 목적격

      What are you looking for? (무엇을 찾고 있습니까?)
      * 전치사 for의 목적어

What did you do that for? (왜 그것을 했니?)

* 전치사 for의 목적어

2) 의문형용사

a) which – 어느, 어느 쪽의

Which boy won the prize? (어느 학생이 입상했니?)

* which 뒤에 명사 boy가 있음.

Which book would you like to read? (너는 어떤 책을 읽고 싶니?)
　　　명사

* which 다음에 명사 book이 있음.

b) what – 무슨, 어떤

What day of the week is it today? (오늘은 무슨 요일입니까?)

* 의문형용사 뒤에 명사가 옴.

What name was given to the baby?

(애기이름을 무엇이라고 지었나요?)

* what뒤에 명사 name이 왔음.

3) 의문부사

a) where – 어디에, 어디서

Where are we? (여기가 어디 입니까?)

Where is the harm in trying? (노력하면 어디가 나쁠까?)

b) when – 언제, 어떤 때에

When does school begin? (학교는 언제 시작 합니까?)

When did you see him last? (마지막으로 그를 본 것이 언제 입니까?)

c) how – 어떻게, 어떤 방법으로

How can I ever thank you? (무엇이라고 감사 말씀을 드려야 할까요?)

How did he get so rich? (그는 어떻게 그렇게 부자가 되었나요?)

d) why – 왜, 어째서

Why did you come? - Because I wanted to see you!

(왜 왔니? – 너를 만나고 싶어서.)

Why were you late for school? (왜 학교에 지각했나요?)

2. 간접의문문

간접의문문은 문장 전체가 의문문이 아니고 문장의 일부가 의문을 나타내는 경우이다. 형태는 직접의문문인 『의문사 + 조동사 + 주어 + 본동사~ ?』의 꼴과는 달리 『의문사 + 주어 + 동사 / 의문사 + to do』꼴이다. 명사절이 되어 주어 · 목적어 · 보어로 쓰인다.

1) 주어의 경우

Who said it does not matter at all.
     주어   동사
(누가 그것을 말했는가는 문제가 되지 않는다.)

* 의문사절이 does not matter의 주어 임.

It is not known why he gave up music.
가주어   진주어
(그가 음악을 포기한 이유가 알려져 있지 않다.)

2) 보어의 경우

The question is how we can get it.
                   보어
(문제는 우리가 어떻게 그것을 얻을 수 있는가 하는 것이다.)

* 의문사 절이 is의 보어이다.

That's where I often go after work.
(그곳은 내가 일이 끝난 후 가끔 가는 곳이다.)

* where절이 be의 보어이다.

3) 목적어의 경우

Tell me why you refused. (네가 왜 거절했는지 말해 줘.)
        목적어

* 타동사 tell의 목적어.

Say which book you prefer. (네가 어떤 책을 좋아 하는지 말해줘.)

* 타동사 say의 목적어.

> 간접의문문에서 의문사 대신 명사절을 유도하는 접속사 if나 whether를 쓰기도 함.
>
> I wonder if it's big enough. (크기가 충분히 큰지 궁금하다.)
> * 타동사 wonder의 목적어.
>
> Whether he will come or not is another question.
> (그가 오느냐 안 오느냐는 별개의 문제이다.)
> * whether절이 is의 주어가 됨.

3. 그 외 의문문의 종류

1) **일반의문문** : 의문사를 사용하지 않은 의문문, yes 또는 no로 대답할 수 있다.
   Won't you have a cup of tea? (차 한 잔 하시겠습니까?)
   Are you contented with the result? (결과에 만족 하십니까?)

2) **특수의문문** : 의문사로 시작하고 yes 또는 no로 대답할 수 없다.
   What does this phrase mean? (이 구는 무슨 의미입니까?)
   Who came to see me in my absence? (내가 외출 중 누가 왔습니까?)

3) **선택의문문** : yes 또는 no로 대답할 수 없다. A나 B를 선택한다.
   Are you coming(↗) or not(↘)? (오는 겁니까 오지 않는 겁니까?)
   Is he a musician(↗) or a painter(↘)? (그는 음악가 입니까 화가 입니까?)

4) **부가의문문** : 자신이 어렴풋이 알고 있는 사실을 상대방에게 확인하는 경우와, 자신이 확실히 알고 있는 사실을 상대방에게 동의를 구하는 경우에 쓰인다. 긍정문에는 부정문으로 묻고 부정문에는 긍정문으로 묻는다.

   자신이 어렴풋이 알고 있는 사실을 상대방에게 확인하는 경우
   You know him, don't you?(↗) (그를 알고 계시죠?) – yes를 기대
   You don't know him, do you?(↗) (모르시죠?) – no를 기대

   자신이 알고 있는 내용에 확신을 가지고 상대방의 동의를 당연한 것으로 기대하는 경우
   You know him, don't you?(↘) ([당연히] 알고 계실 텐데요.)
   You don't know him, do you?(↘) ([당연히] 모르실 텐데요.)

Chapter 8

시제 (Tense)

시제란 동작이나 상태가 발생한 시간관계를 동사의 어형변화를 통해 나타내는 것이다. 영어 시제는 총 12 가지가 있는데, 경우에 따라서는 현실의 시간개념과 반드시 일치하지는 아니다.

If we <u>have</u> time <u>tomorrow</u>, let's discuss this more detail.
(우리가 내일 시간이 있으면 이것을 더 상세히 토의 합시다.)
* 내일은 미래인데 현재 시제 have를 썼음.

If I were you, I would confess the truth.(내가 너라면 그 사실을 고백 했을 텐데. - 내가 네가 아니어서 그 사실을 고백하지 않아.)
* 1인칭 be의 과거형은 was인데 가정법 과거형(사실의 반대나 추측을 나타냄)인 were를 썼음.

영어의 12시제

시 제	기본형	진행형
현재시제	동사의 현재형 do(does)	현재진행 am(are, is) doing
과거시제	동사의 과거형 did	과거진행 was(were) doing
미래시제	동사의 미래형 will(shall) do	미래진행 will(shall) be doing
완료형시제	현재완료 have(has) done	현재완료진행 have(has) been doing
과거완료시제	과거완료 had done	과거완료진행 had been doing
미래완료시제	미래완료 will(shall) have done	미래완료진행 will(shall) have been doing

서양의 문화는 상공업을 근간으로 하여 발달했으므로 상대방과의 정확한 시간의 거래가 중요하여 주관적 시간 개념이 아니라 상대적 약속에 의한 시간 개념이 필요하게 되었다. 따라서 서양의 시제는 수학 공식같이 2 + 6 = 8, 2 × 6 = 12 와 같은 객관적 시간 개념이 발달했다. 그것이 위와 같은 12시제이다.

이에 비해 우리의 시간 개념은 농경 사회에 뿌리를 두고 있어 시간의 길이 단위가 길다. 농사짓는 데 초·분을 다투지 않는다. 과거·현재·미래만으로도 충분했다. 옛날 우리 조상들은 하루를 12등분 한 시간단위를 사용한 적도 있다. 그래서 서양의 시제를 이해하는 데 어려움이 있으나 그들이 시제를 분류하는 기본 개념을 이해하면 알기 쉽다. 시제는 주관적이 아니라 문법으로 정한 약속이다.

1. 기본시제

1) 현재시제 (Present Tense)

형태: 「동사 원형, 동사원형 + (e)s, am, are, is」
해석: 「~ 한다, ~ 이다」

a) 현재시제를 쓰는 경우

① 현재 눈앞에서 일어나는 사실·습관적 동작·상태를 나타낼 때

- 사실
  She <u>is</u> sixteen years old. (그녀는 16살 이다.)
  Rocks don't float, and wood doesn't sink.
  (바위는 물에 뜨지 않고, 나무는 물에 가라앉지 않는다.)

- 동작
  He <u>studies</u> English hard. (그는 열심히 영어공부 한다.)
  He <u>doesn't talk</u> muck. (그는 별로 말이 없다.)

  * 동작동사는 움직임이 있어 제3자가 무엇을 하는지 알 수 있는 동사
  eat apples, jump high, pass the ball, walk fast

- 상태

  There appears to have been an accident. (뭔가 사고가 난 것 같다.)
  I know the right answer, but I'm not going to tell you.
  (정답은 알지만 말 안할 거야.)

  > * 상태를 나타내는 대표동사들
  >   appear, be, remain, resemble, seem, turn

② 현재 되풀이 되는 습관이나 반복적 동작을 나타낼 때

- 습관

  She gets up at six every morning. (그녀는 매일 6시에 일어난다.)
  He always starts a day with a cup of coffee.
  (그는 항상 하루를 커피 한 잔으로 시작한다.)

- 반복적 동작

  He writes three pages every day. (그는 매일 3페이지의 글을 쓴다.)
  Every time he flings the ball, he breaks a window.
  (그가 공을 던질 때마다 유리창 하나씩을 깬다.)
  * 종종 always, often, usually 등과 같이 쓰임.

③ 시간과 관계없는 불변의 진리 · 사실 · 격언을 나타낼 때

  Water turns to ice when it freezes. (물이 얼 때 얼음으로 변한다.)
  Light travels faster than sound. (빛은 소리보다 빠르게 이동한다.)
  Smoking causes health problems. (흡연은 건강 문제들의 원인이 된다.)

④ 미래에 확실히 일어날 일이 미래를 나타내는 어구와 함께 쓰일 때

  특히 왕, 래, 발, 착 동사가 미래 부사(구)와 함께 있을 때
  또는 시작 · 종료를 나타내는 동사가 미래의 부사(구)와 함께 있을 때

  I leave Korea next week. Dad started a new business in Sidney, Australia.
               미래부사
  (나는 다음 주에 한국을 떠나. 아빠가 호주 시드니에서 새로운 사업을 시작하셨어.)
  The train arrives at 7:30 this evening.
  (오늘 밤 7시30분에 기차는 떠난다.)

* 왕래발착동사 arrive, come, depart, go, leave

* 시작·종료 동사 begin, start, stop, return

⑤ 시간과 조건을 나타내는 부사절에서는 현재시제가 미래시제를 대신 한다

We will wait here till she arrives.
　　　　　　　　시간의 부사절
(그녀가 도착 할 때까지 우리는 여기서 기다릴 거야.)

Let's go to meet him before it rains.
　　　　　　　　시간의 부사절
(비 오기 전에 그를 만나러 갑시다.)

If he comes here, I will tell him about it.
　조건의 부사절　　(그가 여기 온다면 나는 그에게 이것에 관해 말 할 것이다.)

If it is fine tomorrow, we will go on a picnic.
　조건의 부사절　　　　(내일 날씨가 좋으면 우리는 소풍 갈 것이다.)

> **명사절·형용사절에서는 미래에 발생할 일을 얘기할 때는 미래형을 씀.**
>
> 명사절과 · 형용사절 · 부사절을 반드시 구별해야 함
>
> Do you know if(or whether) he will come here?
> 　　　　　　　명사절(타동사 know의 목적어)
> (너는 그가 여기 올 것인지 안 올 것인지를 아니?)
>
> I don't know the day when they will go there.
> 　　　　　　　형용사(the day 선행사를 수식함)
> (나는 그들이 거기에 갈 날짜를 모른다.)
>
> Tell me when he will come back. (그가 돌아 올 때를 나에게 말해 줘.)
> 　　　명사절(tell의 직접목적어)
>
> The time will come when he will regret this.
> 　　　　　　　형용사절(the time 선행사를 수식함)
> (그가 이것을 후회할 때가 올 것이다.)

2) 과거시제 (Past Tense)

형태: 「모든 동사의 과거형」

해석: 「~ 했다, ~ 이었다」

과거시제는 과거의 사실 · 동작 · 상태 및 사건을 나타낼 때

a) 과거의 동작 · 상태를 나타낼 때

　　I bought this car last year. (작년에 이 차를 샀다.)
　　They remained at peace. (그들은 여전히 평화를 유지하고 있었다.)
　　She was not at home when I called on her yesterday.
　　(내가 어제 그녀를 방문했을 때 그녀는 집에 없었다.)
　　Everyone saw her slip on the banana peel.
　　(모든 사람들이 그녀가 바나나 껍질위에서 넘어지는 것을 봤다.)

b) 과거의 습관 · 반복적 동작을 나타낼 때

　　In his youth, he often climbed Mt. Seorak.
　　(젊었을 때, 그는 종종 설악산을 오르곤 했다.)
　　Last winter she went skiing every week.
　　(지난 겨울에 그녀는 매주 스키를 타러갔다.)
　　He usually took a walk before breakfast.
　　(그는 아침 식사 전 대개 산책을 하곤 했다.)

would do와 used to do의 비교

1. 과거의 습관에는 would do (과거의 불규칙적 습관) ~ 하곤 했다

　　He would (often) go fishing in the river when he was a child.
　　(어렸을 때 그는 (자주) 강에서 낚시를 하곤 했었지.)
　　Sometimes the boys would play tricks on their teacher.
　　(가끔 남자아이들은 선생님에게 장난을 치곤했다.)

2. used to do는 ① 과거의 규칙적 습관 - ~ 하곤 했다
　　　　　　　　② 과거의 연속적 상태 - ~ 전에는 ~ 이었는데, 한 때 ~가 있었다

- 습관

　　He used to sit up late. (그는 늦게까지 자지 않고 있곤 했다.)
　　I used to walk all night. (나는 밤새 걷곤 했다.)

- 상태

　　He used to be rich. (그는 한 때 부자였었는데.)
　　On the hill, there used to be a house. (언덕 위에 한 때 집 하나가 있었다.)

c) 과거의 경험을 나타낼 때

I once lived in Busan. (나는 한 때 부산에 살았었다.)
Did you ever hear Luciano Pavarotti sing?
(너는 루치아노 파파로티가 노래하는 것을 들어 본 적 있니?)
Did you ever see a wild lion? (너는 야생사자를 본 적 있니?)

* 경험의 부사 ever, never, sometimes, often, once 등과 같이 쓰임.

d) 과거완료시제의 대용

과거완료시제 대신에 전후관계가 분명한 경우에 과거를 씀

It was more expensive than I (had) expected.
(그것은 내가 기대했던 것 보다 더 비쌌다.)
He arrived after she (had) left. (그녀가 떠난 후에 그는 도착했다.)
The train (had) started before we got to the station.
(기차는 우리가 정거장에 도착하기 전에 출발했다.)

* before, after, as soon as, when 등이 쓰인다.

3) 미래시제 (Future Tense)

형태: 「will/shall + 동사원형」
해석: 「~ 할 것이다, ~ 일 것이다」
미래시제는 지금부터 일어나려고 하는 행동을 나타냄.

I'll go whatever happens. (무슨 일이 일어나더라도 나는 가겠다.)
I will hide all these breads from you if you don't stop eating them.
(네가 빵을 그만 먹지 않으면 난 이 빵 모두를 숨겨 버릴 거야.)

미래시제에는 단순 미래와 의지미래가 있으며 단순 미래는 인간의 의지로는 어쩔 수 없는 자연현상, 필연, 예상, 미래의 운명, 예정, 기대 등을 나타내고 의지미래는 말하는 사람의 의지, 의도, 결심, 약속, 의향을 전달하는 데 쓰인다.

단순미래	의지미래
I·we will(shall)	will
you·he·she·they will	shall

a) 단순미래 : ~ 하게 될 것이다, ~ 할 것이다
 * 외적사정, 필요, 자연현상에 좌우되는 미래

- 1인칭

  I will(shall) be sixteen years old next month.
  (다음 달에 나는 16살이 될 것이다.)
  We will(shall) be delighted if you come.
  (네가 오면 우리는 반가울 것이다.)

- 2인칭

  If you hurry, you will be in time.
  (네가 서두르면 시간에 늦지 않을 것이다.)
  You will be sorry for it later. (나중에 그것 때문에 후회 할 걸.)

- 3인칭

  I'm afraid he will fail again. (나는 그가 또 실패할까 봐 걱정 돼.)
  He'll be glad to hear from you.
  (당신에게서 소식을 들으면 그는 기뻐 할 거야.)

b) 의지미래

- 1인칭 : ~ 하겠다

  I will finish this work by tomorrow. (내일까지 이 일을 끝내겠다.)
  We will not put up with such rudeness.
  (우리는 그런 무례함을 가만 두지 않을 거다.)

- 2인칭 : ~ 하게 하겠다, ~ 하도록 시키겠다

  You shall have a bicycle of your own when you're older.
  → I will buy you a bicycle of your own when you're older.
  (네가 더 크면 네 자전거를 사 줄게.)
  If you work well, you shall have higher wages.
  → I will pay you higher wages, if you work well.
  (네가 일을 잘 하면 급료를 올려 주겠어.)

- 3인칭 : ~ 하게 하겠다

    He shall meet you. (그가 너를 만나게 하겠다.)

    → I will have him meet you.

    They shall not want as long as I live.

    → I will help them to be well-off as long as I live.

    (내가 살아 있는 한 그들에게 부족함이 없도록 할 거야.)

    [주의] 조동사 shall을 2/3인칭의 의지미래로 사용하는 문장은 현대 영어에서는 거의 쓰이지 않고, 위의 예문에서 제시한 것처럼 대부분 I (1인칭)를 주어로 해서 표현한다.

미래시제 이외의 will의 용법

will은 단순미래, 의지미래 외에도 습관·습성·추측·상상·설득·명령·의지·고집·가능·능력 등 다양하게 쓰임.

a) (습관·습성) ~ 하는 일이 있다

   He will often sit there doing nothing.

   (그는 아무것도 하지 않고 거기에 앉아 있는 일이 자주 있다.)

   A bear will not touch a corpse. (곰은 시체를 건드리지 않는다.)

b) (추측) ~ 일 것이다

   This'll be the house he was speaking about.

   (이것이 그가 말하고 있었던 집일 것이다.)

   It will be snowing now in London.

   (런던에서는 지금 쯤 눈이 내리고 있을 것이다.)

c) (상상) 아마(필시) ~ 일 것이다

   You will have heard of it. (아마 당신은 그것을 들으셨을 것입니다.)

   "The telephone is ringing." - "That'll be for you."

   (전화가 울리고 있습니다. – 아마 당신에게 온 전화일 것입니다.)

d) (촉구·설득·명령·지시) ~ 해라, ~ 하는 거다

   You will do as I tell you. (내가 말하는 대로 해 주시는 겁니다.)

   You will wait here till I come back.

   (내가 돌아 올 때 까지 여기서 기다리는 거다.)

e) (의지·고집) (기어이) ~ 하려고 하다

　　You will have your own way. (네 고집만 부리려 드는구나.)
　　Let him do what he will. (그가 하고 싶은 대로 하게 하시오.)

f) (가능·능력) ~ 할 수 있다

　　The back seat will hold three passengers.
　　(뒷 자석에는 세 사람이 탈 수 있다.)
　　Will this bottle hold a pint? (이 병에 1파인트가 들어갑니까?)

미래형 대신 쓰이는 관용어

a) be going to do : 1, 2 인칭 주어의 의지를 나타내기도 함

　　I am going to visit Mr. kim this afternoon.
　　(나는 오후에 Mr.김을 방문하려고 한다.)
　　What are you going to do next Sunday.
　　(다음 일요일에 당신은 무엇을 하실 예정입니까?)

b) be about to do : 막 ~ 하려고 하다

　　They are about to leave. (그들은 지금 막 떠나려고 한다.)
　　He raised his hat and was about to speak.
　　(그는 모자를 살짝 들고 막 연설을 하려고 했다.)

c) be supposed to do : ~ 하기로 되어 있다

　　What time are you supposed to arrive here?
　　(너는 몇 시에 여기에 도착하기로 되어 있니?)
　　I am supposed to meet him at five.
　　(나는 그를 5시에 만나기로 되어 있다.)

would의 용법

a) will의 과거형으로서 시제의 일치

　　I wondered whether he would recognize me.
　　(나를 알아볼까 하고 생각했다.)

He told us that he would take care of the dog.
(그가 나에게 개를 돌보겠다고 말했다.)

b) (과거의 습관 · 습성) 곧잘 ~ 하곤 했다

He would jog before breakfast. (그는 아침 먹기 전에 조깅을 하곤 했다.)

He would often go fishing in the river when he was a child.
(어렸을 때 그는 자주 강에 낚시하러 가곤 했었다.)

c) (과거의 추측) ~ 했을 것이다, ~ 했을지도 모른다

She would be 80 when she died. (그녀가 죽을 때 80세는 되었을 것이다.)

At that time I saw him first, he was a little boy. That would be in the year 1953. (내가 그를 처음 보았을 때 그는 어린 소년이었다. 그것은 아마 1953년의 일이었을 것이다.)

d) (과거의 의지 · 주장 · 고집) ~ 하려고 했다

He would go despite my warning.
(나의 경고에도 불구하고 그는 간다고 우겼다.)

I told you so, but you wouldn't believe it.
(너에게 그렇게 말했는데도 너는 믿으려 하지 않았다.)

e) (조심스러운 바람) ~ 하고 싶다

I would like to go. (가고 싶다.)

If you would succeed, study harder.
(당신이 성공하고 싶다면 더 열심히 공부해.)

f) (would you ....? 형태로) (의뢰 · 권유를 나타내어) ~ 해 주시겠습니까?

Would you please lend me your knife?
(칼 좀 빌려 주시겠습니까?)

Would you mind if I open the window? (창문을 열어도 괜찮겠습니까?)

g) 가정법에서 주절의 조동사로 쓰임

If it were fine today, we would go for a swim.
(오늘 날씨가 좋다면 수영 갈 텐데.)

If he had not died young, he would have been a great scholar.
(그가 젊어서 죽지 않았더라면, 그는 위대한 학자가 되었을 텐데.)

미래시제 외의 shall/should

a) ~ 하여야 한다

The fine shall not exceed $400.
(벌금은 400달러를 넘지 않는 것으로 한다.)
No reader shall remove a book from the library without the consent of the librarian. (열람자는 사서직원의 승낙없이 도서를 도서관에서 갖고 나가서는 안 됨.)

b) ~ 하리라, ~ 이리라

All men shall die. (모든 사람은 죽으리라.)
Heaven and earth shall pass away, but my words shall not pass away.
(천지는 없어지겠으나 내 말은 없어지지 아니 하리라. (성서 마태복음))

should의 용법

a) ~ 하여야 한다(할 것이다), ~ 하는 것이 당연하다

You should not force your ideas on other people.
(자기 생각을 남에게 강요해서는 안 된다.)
Letters of recommendation should be simple and to the point.
(추천장은 간결하고 요령이 있어야 한다.)
* should + have + p.p : ~ 했어야만 했는데(사실은 안 했다)
You should have seen that movie.
(저 영화를 봤어야 했는데 - 사실은 보지 않았다.)
You should have been more careful.
(너는 당연히 주의 했어야만 했는데 - 그런데 하지 않았다.)

b) ~ 임(함)에 틀림없다

I guess it should be Mr. Brown. (Mr. Brown이 틀림없다고 생각 해.)

He should arrive by the 6:15 train. (그는 6시15분 열차로 올 것이다.)

c) 대체(어디서, 어떻게, 어째서) ~ 인가, ~ 해야(만) 하나

Why should they have destroyed those buildings?
(대체 어째서 그들은 저 건물들을 허물어 버려야 했는가?)
How on earth should I know? (대체 내가 어떻게 안단 말인가?)

d) ~ 하다니, ~ 이라니

I'm sorry you should think I spoke ill of you.
(내가 당신을 험담한 걸로 생각하고 있다니 유감이야.)
It is lucky that the weather should be so fine.
(날씨가 이렇게 좋다니 운이 좋아.)

e) ~ 하다

It was proper(important, natural, right 등) that they should let the law vigorously enforced on its violators.
(범법자에게 엄하게 그 법률을 적용함이 지당(중요, 당연, 정당)했다.)
It is not necessary that I should go there.
(내가 거기에 갈 필요는 없다.)

f) ~ 하다, ~ 하도록

I suggest that you (should) join us.
(당신도 가담하실 것을 권하는 바입니다.)
I insisted that we should stay in.
(나는 우리가 집안에 있어야 한다고 주장했다.)

g) ~ 하지 않도록

He jotted the name down lest he (should) forget it.
(그는 잊어버리지 않도록 이름을 썼다.)
Be careful lest you should fall from the tree.
(나무에서 떨어지지 않도록 조심해.)

2. 완료시제 (Perfect Tense)

완료시제는 '현재완료, 과거완료, 미래완료' 세 가지로 나뉜다. 완료시제의 의미는 완료, 경험, 계속, 결과를 나타낸다.

1) 현재완료 (Present Perfect)

형태:「have + p.p」　　해석:「~ 했다, ~ 였다」
과거에서 현재에 걸쳐 일어나는 동작 · 상태를 표시함. 4가지 용법이 있음.

a) 완료: 현재시점에서 동작이 막 완료된 것을 표시.「~을 막 해 버렸다」의 뜻.

　He has done the dishes for his wife.
　(그는 아내를 위해 설거지를 다 끝냈다.)
　She has already returned home. (그녀는 막 집으로 돌아 왔다.)
　* just, already, yet, today등의 부사들이 완료용법과 자주 쓰임.

b) 경험: 과거에서 현재까지 경험표시.「~한 적이 있다」

　I have often seen the actress. (나는 그 여배우를 종종 본 일이 있다.)
　I have never met him before. (나는 그를 전에 본 적이 없다.)
　* ever, never, before, once, many times등의 부사들이 경험용법과 자주 쓰임.

c) 계속: 과거에서 현재까지 동작 · 상태의 계속 표시.「쭉 ~ 해오고 있다」

　I have not seen her since Monday.
　(나는 월요일 이후 그녀를 쭉 못보고 있다.)
　He has lived here for three years. (그는 여기서 3년 동안 쭉 살고 있다.)
　* for, since 등의 부사들이 계속용법과 자주 쓰임.

d) 결과 : 과거의 동작이 현재에 끼친 결과를 표시.「~해 버렸다(그 결과 지금은 ~하다)」

　They have moved to London.
　(그들은 런던으로 이사 가 버렸다. - 그 결과 지금 여기 없다.)
　I have frozen last night's leftovers so we can eat them again tonight.
　(나는 지난밤 남은 음식을 얼려 버렸는데 그래서 오늘밤 그것들을 다시 먹을 수 있다.)

현재완료와 때를 나타내는 부사어구

현재완료 시제 문장에는 명백하게 과거를 나타내는 어구는 쓸 수 없음.

a) ago : 과거시제에만 쓰이고 현재완료에는 못 씀.

I saw him a moment ago. (o) (조금 전에 그를 만났다.)

I have seen him a moment ago. (x)

I went there two years ago. (o) (2년 전에 거기 갔다.)

I have been there two years ago. (x)

b) when : 의문사로 쓰이는 when은 현재완료 시제 문장에는 쓸 수 없음.

When did you meet him? (o) (언제 그를 만났어?)

When have you met him? (x)

when : when이 분명히 과거의 때를 나타내는 경우 과거시제를 씀.

When I was a little boy, I learned his poem by heart. (o)

(내가 어린 소년이었을 때 암기로 이 시를 배웠다.)

When I was a little boy, I have learned this poem by heart. (x)

c) just와 just now : just는 현재완료에 just now는 과거시제에 씀.

He has just gone out. (o) (그는 방금 외출했다.)

He came in just now; he's probably upstairs. (o)

(그는 이제 막 들어왔는데 아마 2층에 있을 것이다.)

d) today, this morning(week, month, year) 등, 가끔 현재완료에 쓰이지만 과거로 되어 있는 사항에는 과거시제에도 쓰임.

Have you done much work today? (o)

(오늘 일이 많이 진척되었나요?)

Did you do much work today? (o) (너는 오늘 많은 일을 했니?)

He hasn't come to school this morning. (o)

(그는 오늘아침 아직 학교에 오지 않았습니다.)

Did you get to school in time this morning? (o)

(오늘아침 학교에 늦지 않았니?)

2) 과거완료 (Past Perfect)

형태: had + p.p

해석: 「그때까지는 ~ 해 버렸다」

과거의 어떤 때를 기준으로 해서 그때까지의 동작 · 상태의 완료 · 경험 · 계속 · 결과 · 대과거를 표시함.

a) 완료 : 과거의 어떤 때까지 동작이 완료된 것을 표시함.

When I got to the station, the train had already left.
(내가 정거장에 도착했을 때 기차는 이미 출발해버렸다.)
* 내가 정거장에 도착하기 전에 기차가 먼저 떠났음.
When I asked about the report, he had already written all of it.
(내가 보고서에 대해 문의했을 때, 그는 이미 전부 다 써 놓았다.)

b) 경험 : 과거의 어떤 때까지의 얻은 경험을 표시

I had often seen him before I came here.
(내가 여기 오기 전에 그를 종종 본 경험이 있다.)
That was the first time we had ever eaten Chinese food.
(중국요리를 먹은 것은 그때가 처음이었다.)

c) 계속 : 과거의 어느 때까지 동작 · 상태의 계속을 나타냄

He had been ill for a week when I called on him.
(내가 그를 방문했을 때 그는 일주일 동안이나 앓고 있었다.)
I had fought temptation all day, but at night I had pizza with icecream as dessert. (나는 하루 종일 유혹과 싸웠다, 그러나 밤이 되자 아이스크림에 곁들여 피자까지 먹었다.)

d) 결과 : 과거의 어느 때까지의 동작 · 상태의 결과를 표시함

He had lost the watch when I saw him.
(내가 그를 보았을 때 시계를 잃어 버렸다. ─ 시계가 없었다.)
I found that she had gone to America.
(나는 그녀가 미국으로 가버린 것을 알았다. ─ 그녀는 여기 없었다.)

e) 대과거 : 과거의 어느 때 보다 먼저 일어난 동작·상태를 나타냄

   I sold the watch which I had bought the previous day.
   (나는 전 날에 샀던 시계를 팔았다.)
   He sent her a scarf which he had bought in Milan.
   (그는 밀라노에서 산 스카프를 그녀에게 보냈다.)

- 과거에 있었던 두 가지 사실을 접속사를 사용해 순서대로 배열할 때는 주로 단순과거 사용.

   I bought a bicycle and sold it the next day.
   (나는 자전거를 사서 다음날 팔았다.)

- 과거완료를 사용했을 때

   I sold the bicycle which I had bought the day before.
   (나는 전 날 샀던 자전거를 팔았다.)

3) 미래완료 (Future Perfect)

형태: will(shall) + have + p.p
해석: 「그때까지는 ~ 해버렸을 것이다」
미래의 어떤 때를 기준으로 해서 그때까지의 동작·상태의 완료·경험·계속·결과 등을 표시함.

a) 완료: 미래의 어느 때 까지의 동작의 완료표시

   I will have finished it by this time tomorrow.
   (내일 이때쯤까지는 그것을 끝내 버렸을 것이다.)
   In two years, I will have taken my degree.
   (2년 이내에 나는 학위를 받게 될 것이다.)

b) 경험: 미래 어느 때 까지 얻은 경험을 표시

   I will have read this book three times if I read it again.
   (이 책을 한 번 더 읽으면 3번 읽는 것이 될 것이다.)
   If I go to England again, I will have been there twice.
   (내가 영국에 다시 간다면, 두 번 간 셈이 될 것이다.)

c) 계속 : 미래 어느 때까지 동작·상태의 계속을 표시함.

I will have lived in Seoul for ten years by next year.
(내년이면 10년 동안 서울에 살고 있는 셈이 된다.)
He will have been in prison for five years by July this year.
(금년 7월이면 그는 5년 동안 감옥에 있는 셈이 될 것이다.)

d) 결과: 미래 어느 때까지의 동작·상태의 결과를 표시함

She will have gone there by this time tomorrow.
(내일 이맘때쯤에는 그녀는 거기에 가 있을 것이다.)
He will have become a doctor by then.
(그는 그때까지는 의사가 되어 있을 것이다.)

3. 진행시제 (Progressive Tenses)

동작·상태의 진행·계속을 표시함.
진행시제에는 현재진행형, 과거진행형, 미래진행형과 현재완료 진행형, 과거완료 진행형, 미래완료 진행형의 6가지가 있음.

1) 현재진행형 (Present Progressive)

형태:「am, are, is + ~ ing(현재분사)」
해석:「~ 하고 있는 중이다」

a) 현재 동작의 진행을 나타냄

He is now watching boxing on television.
(그는 지금 텔레비전에서 권투를 보고 있는 중이다.)
My computer is working perfectly.
(내 컴퓨터는 완전하게 작동하고 있다.)

b) 되풀이 되는 상습적 습관 표시

He is always complaining of his wife.
(그는 항상 아내에 대해 불평을 하고 있다.)
He is walking to school this semester.
(그는 이번 학기는 걸어서 통학하고 있다.)

* always, constantly, all the time, repeatedly, forever 등과 같이 씀.

c) 가까운 미래 표시

I'm leaving Korea tomorrow. (내일 한국을 떠날 예정이다.)
Uncle is coming soon. (삼촌이 곧 오신다.)
* go, come, start, leave, arrive 등 왕래발착 동사의 현재진행형은 흔히 미래 부사와 함께 쓰여 미래를 나타냄.

현재시제와 현재진행형

현재시제는 현재의 사실 · 습관 · 직업을 나타내고
진행형 시제는 현재 행하고 있는 동작, 행위를 나타냄
   He works hard. (그는 열심히 일한다. - 사실)
   He is working hard. (그는 열심히 일하고 있는 중이다. - 동작)

- 진행형이 없는 동사
  ① 존재 및 소유동사 : be, exist, have, possess, belong to, live, resemble, appear, seem, consist
  ② 지각 및 감정동사 : hear, smell, feel, taste, like, love, hate, prefer, fear, desire, wish
  ③ 사고 및 지각동사 : know, mean, understand, believe, suppose, remember, think

- 다음과 같은 동사가 본래의 뜻을 상실 할 때는 진행형이 가능함.
   have, see, hear 등
   We are having our breakfast. (아침식사를 먹고 있는 중이다.)
   He will be seeing you tomorrow. (그가 내일 너를 방문 할 거야.)
   He was hearing lectures. (그는 강의를 경청하고 있는 중이다.)

2) **과거진행형** (Past Progressive)

형태 : 「was(were) + ing」
해석 : 「~ 하고 있는 중 이었다」

a) 과거의 어느 때의 진행 중인 동작·상태

While I was lying in bed with the flu, my friends were taking holidays at the beach. (내가 독감으로 침대에 누워 있는 동안 친구들은 해변에서 휴가를 보내는 중이었어.)

What were you doing when she arrived?
(그녀가 도착했을 때 너는 무엇을 하고 있었니?)

b) 과거의 반복적·습관적 동작을 표시

She was always bragging. (그녀는 늘 허풍을 떨고 있었다.)
He was taking his children out much oftener in those days.
(그 당시에 그는 훨씬 자주 아이들을 데리고 나갔다.)

c) 과거에서 예정된 가까운 미래

I was going to tell you, but I forgot.
(나는 너에게 말하려고 했는데 잊어 버렸다.)

3) 미래 진행형 (Future Progressive)

형태: 「will(shall) be + ing」
해석: 「~ 하고 있는 중 일 것이다」

a) 미래 어느 때의 동작의 진행을 나타냄.

He will be working this time tomorrow.
(그는 내일 이맘때는 일하고 있을 것이다.)
This time next year, I shall be traveling through Europe.
(내년 이맘때 나는 유럽을 여행하고 있을 것이다.)

4) 완료 진행형 (Perfect Progressive Tenses)

a) 현재완료진행형(Present Perfect Progressive)

형태: 「have(has) been + ing」
해석: 「지금까지 쭉 ~ 해오고 있는 중이다」

과거의 어느 때부터 시작된 동작이 현재까지 진행되고 있음을 나타냄.

> She has been playing the piano since this morning.
> (그녀는 아침부터 계속 피아노를 치고 있는 중이다.)
> I've been waiting for an hour and he still hasn't turned up.
> (한 시간이나 기다리고 있었는데 그는 아직 나타나지 않았다.)

b) 과거완료진행형(Past Perfect Progressive)

형태: 「had been + ing」
해석: 「~ 해오고 있던 중 이었다」
과거 어느 때까지 계속된 동작을 나타냄.

> He was tired because he had been working since dawn.
> (그는 새벽부터 근무하고 있어서 피곤했다.)
> They had been mining for two years before they found gold.
> (그들은 금을 발견하기 전에 2년 동안이나 계속 땅을 파고 있었다.)

c) 미래완료진행형(Future Perfect Progressive)

형태: 「will(shall) have been + ing」
해석: 「~ 하고 있는 중 일 것이다」
미래 어느 때까지의 동작의 계속을 나타냄

> It will have been raining for a week if it rains tomorrow.
> (내일도 비가 온다면 일주일이나 계속 오는 셈이 된다.)
> By next month he will have been teaching at this school for ten years.
> (다음 달이면 그는 10년간 본교에서 교편을 잡고 있는 것이 된다.)

Chapter 9
법 (Mood)

영어는 동사가 동작이나 상태를 표현하는 방법에 따라 직설법, 명령법, 가정법의 세 가지로 분류하고 그 표현 방법 전체를 법(mood)이라 한다.

1. 직설법 (Indicative Mood)

발생한 사실을 사실 그대로 표현하는 어법으로 평서문, 의문문, 감탄문이 있다.

1) **평서문** – 사실이나 정보를 사실 그대로 전달하는 문장
   It is very cold today. (오늘은 아주 춥다.)
   We don't think (that) he is honest.
   (우리는 그가 정직하다고 생각하지 않는다.)

2) **의문문** – 상대방에게 대답을 얻기 위해 질문하는 문장
   Aren't you pleased with your new car?(새 차가 마음에 들지 않나요?)
   Which do you like better, green tea or coffee?
   (녹차와 커피 중 어느 것을 더 좋아 하나요?)

3) **감탄문** – 기쁨 · 슬픔 · 놀람의 감정을 강하게 표현하는 감탄사가 있고 문장 뒤에 감탄부호(!)를 붙임

   What + (a + 형용사) + 명사 + 주어 + 동사!
   What a wonderful view this is! (이건 참으로 놀라운 장면이로군!)
   What an impression he made! (그는 정말 깊은 감명을 주는군!)

How 형용사/부사 + 주어 + 동사!

How wonderful this view is! (이 장면은 얼마나 놀라운가!)
How fluently they speak English!
(그들이 얼마나 유창하게 영어를 말하는가!)

2. 명령법 (Imperative Mood)

상대방에게 명령, 의뢰, 요구, 희망, 금지 등을 나타내는 문장. 직접명령문과 간접 명령문이 있음. 동사의 원형으로 문장을 시작함.

1) 명령문은 흔히 You를 생략

Give me a cup of tea, please.
(나에게 차 한 잔 주세요.)
Clean my shoes. (내 구두를 닦아라.)
* You를 넣어 명령의 대상자를 강하게 표시하기도 함.(you에 강세)
You go first. (당신이 먼저 가세요.)
You come here and you go back. (you는 각기 다른 사람)
(너는 이리오고 너는 돌아가라.)

2) 강조하려면 Do를 문두에 씀

Do tell me the story! (내게 그 얘기를 정말 해 줘!)
Do get up, it's very late. (어서 일어나요, 늦었어요.)

3) 금지(부정명령) : Do not(Don't)이나 never를 문두에 둠.

Don't talk so loud. (큰 소리로 이야기 하지 마.)
Don't waste your money. (돈을 낭비 하지 마.)
Never tell a lie. (거짓말을 절대 말하지 마.)

4) 1 · 3인칭에도 'Let'을 사용(간접명령)

Let me go. (가게 해주세요.)
Let's (Let us) start at once. (곧 떠납시다.)
Let her come at once. (그녀를 곧 보내 주세요.)

5) 조건명령

a) 명령문, + and ~ (=if you~) (~하라, 그러면)

Get up early, and you will be in the time for the first train.
(일찍 일어나, 그러면 너는 첫차 시간에 닿을 것이야.)
Sit back and rest, and you will feel much better.
(편히 앉아 쉬세요, 그러면 한결 기분이 좋아질 것입니다.)

b) 명령문, + or (~하라 그렇지 않으면)

Work hard, or you will fail.
(열심히 일해라, 그렇지 않으면 실패할거야.)
Keep away from those high tension wires, or you'll be electrocuted.
(저 고압선에 가까이 가지 마시오, 그렇지 않으면 감전됩니다.)

6) 양보를 나타내는 명령

a) 동사 + 의문사 + 주어 + will(may) ~ 이 일지라도

Come what may, I am bound to go.
(무엇이 일어나든 가지 않으면 안 된다.)
Go where you may, you will be welcomed.
(네가 어디를 가든지 환영받을 것이다.)

b) 동사 + as + 주어 + will(may) ~ 이 일지라도

Try as you may, you will not be able to do it in a year.
(아무리 노력할지라도 너는 1년 안에 그것을 할 수는 없을 거다.)
Laugh as they would, he maintained the story was true.
(그들은 웃었으나 그는 그 이야기가 정말이라고 우겼다.)

3. 가정법 (Subjunctive Mood)

가정법은 사실과 반대되거나, 다른 내용을 가정하거나 상상 할 경우에 쓴다.
가정법문장은 사실이 아닌 '허구다'라는 사인을 문장 속에서 3번이나 하고 있다.

첫째, 접속사 if를 써서 둘째, if절에서 사실적 시제보다 한 시제 앞선 동사(특히 be 동사일 땐 was 대신 were)를 써서 셋째, 주절에서 would, could 등의 가정법 조동사를 써서 엄격한 형식을 취하면서 사실과 반대 되는 가정을 하거나 이루어 질 수 없는 일을 상상하는 표현 방법이다. 문장은「~ 했(었)더라면, ~ 했(었)을 텐데(사실은 아니다)」로 끝난다.

가정법과 직설법의 비교

〈가정법〉

If I were a pianist, I could play the piano for you.
(내가 피아니스트라면, 너를 위해 피아노 연주를 해줄 텐데.) 〈상상〉

〈직설법〉

As I am not a pianist, I can't play the piano for you.
(나는 피아니스트가 아니라서, 너를 위해 피아노를 연주해 줄 수 없다.)

1) 가정법 시제

가정법시제는 일반시제의 연장이 아닌 전혀 다른 별개의 시제 형식을 가지고 있으며 쓰이는 경우도 사실의 반대 · 가정 · 상상 · 이룰 수 없는 상황을 설명함.

a) 가정법 현재

현재나 미래에 대한 불확실한 상상 · 추측 · 의심을 나타냄.
형태:「If + 주어 + 현재형동사 ~, 주어 + 조동사원형(will, shall, can, may) + 동사원형 ~」
해석: [확실하진 않지만] ~ 한다면, ~ 할 텐데

If it is fine tomorrow, we will play soccer.
(내일 날씨가 좋으면, 우리는 축구를 할 텐데.)
If he comes here, I will see him.
(만약 그가 여기 온다면, 나는 그를 만나게 될 텐데.)

b) 가정법 과거

현재 사실의 반대 또는 다른 내용을 가정하거나 실현 불가능한 희망을 나타낸다. 동사가 과거형 이지만 시점은 현재임.

형태: 「If + 주어 + were/과거형동사 ~, 주어 + 조동사과거형(would, should, could, might) + 동사원형 ~」

해석: [사실은 그렇지 않지만] ~ 한다면, ~ 일 텐데

If I were(was) rich, I could buy a car.
(내가 부자라면, 차를 살 수 있을 텐데.)
= As I am not rich, I cannot buy a car.
(나는 부자가 아니기 때문에 차를 살 수 없다.)
If I knew his phone number, I could call him.
(내가 그의 전화번호를 안다면 그와 통화를 할 수 있을 텐데.)
= As I don't know his phone number, I cannot call him.
(나는 그의 전화번호를 모르기 때문에 그와 통화를 할 수 없다.)

c) 가정법 과거완료

과거의 사실에 반대되거나, 다른 일을 가정하는 경우

형태: 「If + 주어 + had + p.p ~, 주어 + 조동사과거형(would, should, could, might) + have + p.p」

해석: [사실은 그렇지 않지만] ~ 했었더라면, ~ 했었을 텐데

If he had worked harder, he could have won the game.
(그가 더 열심히 일했더라면 그 경기에서 이길 수 있었을 텐데.)
* 과거로 해석
= He didn't work harder, so he could not win the game.
(그는 열심히 일을 하지 않았기 때문에 그 경기에서 이길 수 없었다.)
If it had rained, I would not have attended the meeting.
(만약 비가 왔었더라면 나는 그 모임에 가지 않았을 텐데.)
= As it didn't rain, I attended the meeting.
(비가 오지 않아서 나는 그 모임에 갔다.)

d) 가정법 미래

현재나 미래에 대한 강한 의심이나 있을 수 없는 일에 대한 가정을 나타냄.
형태: 「If + 주어 + should/were to + 동사원형, 주어 + would(will)/should(shall) + 동사원형 ~ 」
해석: [만에 하나/절대 ~ 할리 없지만] ~ 한다면, ~ 할 텐데

① 조건절에 should를 쓰는 경우

미래에 대한 있을 것 같지 않은 강한 의심을 나타낸다(인칭 관계없이 should를 쓴다)

If I should fail, my father will(would) be disappointed.
(혹시 내가 실패한다면(실패할리 없지만) 아버지는 실망하실 것이다.)
If it should rain tomorrow, the party would not be held.
(내일 비가 온다면(올 것 같지 않지만) 파티는 열리지 않을 것이다.)

② 조건절에 were to를 쓰는 경우

미래에 실현 불가능한 일을 상상할 때
「If + 주어 + were to + 동사원형 , 주어 + would, should, could, might + 동사원형 (그럴리 없지만) ~ 한다면, ~ 일 텐데」

If I were to tell you all I knew, you would be amazed.
(그럴 리 없지만 내가 아는 것을 전부 말한다면 당신은 깜짝 놀랄 텐데.)
If the sun were to rise in the west, I would not change my mind.
((그럴리 없지만) 해가 서쪽에서 뜬다 하더라도, 나는 마음을 바꾸지 않을 텐데.)

e) 기타 가정법

본래의 가정법의 형식을 취하지 않고 관용적으로 가정의 뜻을 나타내는 경우

① I wish 가정법 : 실현할 수 없는 소원을 나타냄.

- I wish + 가정법과거

  현재의 실현 불가능한 소원을 나타냄. [~ 이면, 좋겠는데]

I wish I were rich. (내가 부자라면 좋을 텐데.)
I wish it were not true. (그것이 사실이 아니라면 좋겠는데.)

- I wish + 가정법 과거완료

과거의 실현 불가능했던 소원을 나타냄. [~ 이었더라면, 좋았을 텐데]

I wish I had bought the book.
(그 책을 샀더라면 좋았을 텐데.)
I wish I had told you the truth.
(당신에게 그 사실을 말했더라면 좋았을 텐데.)

② as if (혹은 though) + 가정법 : 현재나 과거 사실에 반대되는 일을 가정

- as if + 가정법과거 [마치 ~처럼]

He talks as if he knew the truth.
(그는 마치 그 진실을 알고 있는 것처럼 얘기한다.)
He speaks English as if he were an Englishman.
(그는 마치 영국사람인 것처럼 영어를 한다.)

- as if + 가정법 과거완료 [마치 ~ 했던 것처럼]

He talked as if he had heard the news.
(그는 마치 그 소식을 들은 것처럼 이야기했다.)
He acts as if he had been rich.
(그는 마치 부자였던 것처럼 행동한다.)

③ If it were not for

- If it were not for ~, 주어 + could/would + 동사원형

가정법 과거 「~ 이 없다면, ~ 이 아니라면」

If it were not for air, most animals would perish.
(공기가 없다면 모든 동물들은 사라질 텐데.)
If it were not for your help, I would be in trouble.
(너의 도움이 아니라면 나는 곤경에 처할 텐데.)

- If it had not been for ~, 주어 + could/would + have + p.p.
  가정법 과거완료 「~ 이 없었다면, ~ 이 아니었다면」

  If it had not been for the government's subsidy, the bridge could not have been built.
  (정부의 보조금이 없었다면 그 교량은 건설 될 수 없었을 텐데.)
  If it had not been for the umbrella, I would have gotten wet.
  (우산이 없었다면, 비에 젖었을 텐데.)

if가 생략이 되면

If it were not for ~ → were it not for ~
If it had not been for ~ → Had it not been for ~ 가 됨

  Were it not for books, life would be dull.
  (책이 없다면 인생은 지루할 텐데.)
  Had it not been for your assistance, I could have failed in business.
  (당신의 도움이 없었다면 난 사업에서 실패했을 텐데.)

④ 전치사가 조건절을 대신하는 경우

전치사가 조건절을 대신하는 경우에 시제는 주절에 의해서 결정됨.

- But for(=without) 가정법 과거 「~ 이 없다면」
  But for your help, he would fail.
  (당신의 도움이 없다면 그는 실패할 텐데.)
  But for the heat of the sun, nothing could live.
  (태양열이 없다면 아무것도 살 수 없을 텐데.)

- But for(=without) 가정법 과거완료 「~ 이 없었더라면」
  But for your help, he would have failed.
  (당신의 도움이 없었더라면 그는 실패했었을 텐데.)
  But for you, I could have lost my way.
  (당신이 없었더라면 나는 당연히 길을 잃었을 텐데.)

- with 가정법 과거 「~이 있다면」

    With your help. he would certainly succeed.
    (너의 도움이 있다면 그는 확실히 성공할 텐데.)
    With a little more capital, you would be sure to succeed.
    (약간의 자본금만 있다면 너는 확실히 성공할 텐데.)

- With 가정법 과거완료 「~이 있었더라면」

    With a little more patience, you would have succeeded.
    (조금의 인내력만 있었더라면 너는 성공했을 텐데.)
    With your help, he would certainly have succeeded.
    (너의 도움이 있었더라면, 그는 확실히 성공했을 텐데.)

가정법 접속사 if를 쓰지 않는 가정법문장도 여러 가지 있어 혼란스러울 수 있지만, 주절에 쓰인 가정법 조동사들 (would, could, should, might 등)을 보고 쉽게 구분할 수 있다. 가정법이 있어 마음 놓고 합법적으로 사실에 반대 되는 이야기를 할 수 있고 상상력도 펼칠 수 있다. SF(공상과학)소설이나, 영화가 활발히 발달할 수도 있다.

접속사 if가 유도하는 문장

접속사 if는 부사절, 가정절, 명사절을 유도함

a) 부사절

시간·조건을 나타내는 부사절에서 현재시제가 미래시제를 대신함.
(만일 ~ 라면 ~ 할 것이다)

    If it rains tomorrow, we'll have to call the picnic off.
    (만일 내일 비가 온다면 우리는 소풍을 중지 해야만 할 것이다.)
    If you don't get back before midnight, you'll be locked out.
    (네가 만일 자정 전에 돌아오지 않으면 너는 집에 못 들어 올 거야.)
    If he is late, we'll go without him.
    (그가 만일 늦으면 우리는 그 사람 없이 갈 거야.)

b) 가정절

가정법은 사실의 반대, 추측, 이루어질 수 없는 소망, 상상을 설명함.
(만일 ~ 한다면, ~ 할 텐데)

> If he were honest, I would hire him.
> (만일 그가 정직하다면, 나는 그를 고용할 텐데.
> - 사실은 그가 정직하지 않아서 그를 고용하지 않을 것이다.)
> If he visited me, I would show him the photo.
> (만일 그가 나를 찾아온다면 나는 그에게 그 사진을 보여 줄 텐데.
> - 사실은 그가 나를 찾아오지 않기 때문에 그 사진을 보여줄 수 없다.)

부사절과 가정절의 차이

부사절이나 가정절이나 뜻이 (만일 ~ 이라면)이 공통이지만 부사절은 사실을 설명해서 가능성이 50%가 되나 가정절은 전혀 사실이 아닌 상상, 추측, 이루어 질 수 없어 100%가 허위임.

c) 명사절

타동사의 목적어로 명사절임 (~ 인지 아닌지)

> I don't know if he will come tomorrow.
> (내일 그가 올지 안 올지 나는 모른다.)
> I asked him if he would sell his house.
> (나는 그에게 집을 팔 건지 아닌지를 물어 보았다.)
> I wonder if we'll be able to see him.
> (우리가 그를 만날 수 있을지 궁금하다.)

* if절을 목적어로 하는 대표 타동사

    ask, doubt, know, mind, tell, wonder

Chapter 10

특수구문 (Special Constructions)

문법상 어느 항목에 포함 되지는 않으나 매우 중요한 구문들이 있다. 이런 특수구문이 문장의 뜻을 더 생동감 있게 확실성을 부여 하면서 논리적으로 구성하는 데 꼭 필요한 것으로서 그 종류로는 [도치 · 강조 · 생략 · 삽입 · 공통 · 동격 · 수의 일치 · 부정] 구문 등이 있다.

1. 도치 (Inversion)

'주어 + (조)동사'의 일반적 어순이 '(조)동사 + 주어'의 어순으로 바뀌는 경우를 도치라 한다. 도치에는 다음과 같은 경우가 있다.

1) 구문상 도치

a) 의문문

<u>Am</u> <u>I</u> such a <u>coward</u>? (내가 그렇게 겁쟁이야?)
동사 주어　　　주/보

* be동사는 be만 주어 앞으로 감.

<u>Does</u> <u>she</u> <u>hate</u> him? (그녀가 그를 미워합니까?)
조동사 주어 동사

* 일반동사는 시제와 함께 조동사 do가 주어 앞으로 감.

<u>What</u> <u>do</u> <u>you</u> <u>want</u>? (무슨 일로 그러시죠?)
의문사 조동사 주어 동사

* 의문사가 문장 맨 앞으로 감.

b) 감탄문

<u>How wonderful</u> <u>this educational innovation</u> <u>is</u>!
　　how 형용사　　　　　　주어　　　　　　동사
(이 교육개혁은 얼마나 멋진가!)

<u>What a beautiful day it is</u>! (참 좋은 날씨로군!)
　what　　　a 형용사　명사 주어 동사
* 감탄문은 ① What a 형용사 + 명사 + 주어 + 동사!
　　　　　② How 형용사/부사 + 주어 + 동사!

c) 보어(무관사 명사·형용사) + as를 포함한 양보 구문

<u>Child as he was</u>, he was thoughtful. (그는 아이였지만 아주 사려 깊다.)
보어(명)　주어 동사

<u>Poor as he is</u>, he is very generous. (그는 가난하지만, 아주 관대하다.)
보어(형)　주어 동사

* be동사의 보어(명사·형용사)가 as 앞으로 갔음.

2) 목적어의 도치

a) 의문사가 목적어 일 때

<u>Who(Whom) do you want</u> to speak with?
목적어　　　　　타동사
(당신은 누구와 이야기하고 싶습니까?)

<u>Which do you like</u> better, tea or coffee?
목적어　　타동사
(당신은 녹차와 커피 중 어느 것을 더 좋아 하십니까?)

b) 강조하기 위하여 목적어를 문두에 둠.

<u>That mountain</u> we are going to <u>climb</u>.
목적어　　　　　　　　타동사
(우리는 바로 저 산을 오르려고 해.)

<u>What he had in mind</u> nobody <u>knew</u>.
목적어(절)　　　　타동사
(그가 무엇을 생각하는지 아무도 몰랐다.)

3) 그 외 도치

a) 부사 + 동사 + 주어

<u>Never have I seen</u> such a tall man. (나는 그렇게 큰 사람을 본 적이 없다.)
부사　　주어

<u>Bitterly did he</u> repent it. (그는 그것을 뼈저리게 후회했다.)
부사　　주어

b) so + 동사 + 주어 – ~도 또한 그렇다

She loves animals, and <u>so does her husband</u>.
　　　　　　　　　　　　동사　　주어
(그녀는 동물을 사랑하는데, 그녀 남편도 사랑해.)

He is tired. <u>So am</u> I. (그는 피곤하다. 나도 역시 피곤해.)
　　　　　　동사 주어

c) nor + (조)동사 + 주어 – ~도 하지 않다

He will not go, <u>nor will</u> I.
　　　　　　　　조동사 주어
(그는 가지 않을 것이며, 나도 역시 가지 않을 것이다.)

I am not rich, <u>nor do</u> I wish to be.
(나는 부자가 아니며, 부자가 되고 싶지도 않다.)

2. 강조 (Emphasis)

문장의 특정 부분에 어떤 어형, 어구를 첨가하여 어느 부분을 강조함.

a) 동사의 강조 : do + 동사 – 실제로, 정말로

I <u>do</u> love you. (정말 당신을 사랑합니다.)
　　동사

I <u>did</u> go there. (정말 그곳에 갔다.)
　　동사

b) 최상급 강조 : 최상급 + possible(imaginable, in the world 등)

The car was running at <u>the highest</u> speed <u>possible</u>.
　　　　　　　　　　　　　최상급
(그 자동차는 낼 수 있는 가장 빠른 속도로 질주하고 있었다.)

You have <u>the sweetest</u> voice <u>imaginable</u>.
　　　　　　최상급
(당신은 당신이 상상할 수 없을 정도의 가장 달콤한 목소리를 가지고 있어.)

c) 의문문 강조 : on earth, in the world, at all, ever – 도대체, 대관절

What <u>on earth</u> have you been doing?
(도대체 너는 무엇을 하고 있었니?)

Why <u>ever</u> didn't you go there? (도대체 너는 왜 그곳에 가지 않았니?)

d) 부정문 강조 : at all, whatever, in the least, a bit – 조금도, 전혀
　　I don't know him at all. (나는 그를 전혀 모른다.)
　　I'm not in the least afraid of dogs. (나는 개가 조금도 무섭지 않다.)

e) 동일어구 반복 – 점점 더, 더욱 더
　　The kite flew up higher and higher. (연이 점점 더 높이 올라갔다.)
　　She cried and cried but no one came.
　　(그녀는 몇 번이고 소리 질렀으나 아무도 오지 않았다.)

f) (대)명사수식 : (대)명사 + self : ~도, ~조차, 바로, 손수
　　the very + 명사 : 바로 그
　　one's own ~ : ~ 자신의
　　He himself arrested the robber. (그 자신이 그 강도를 체포했다.)
　　This is the very book I want to buy.
　　(이것이 내가 사고 싶은 바로 그 책이다.)
　　This is his own hat. (이것은 그 자신의 모자이다.)

g) It is ~ that(who, which)에 의한 강조 : 바로 ~ 다
〈강조 전 문장〉 I met her at the park yesterday.
　　It was I that met her at the park yesterday. 〈I 강조〉
　　(어제 공원에서 그녀를 만난 것은 바로 나였다.)
　　It was her that I met at the park yesterday. 〈her 강조〉
　　(내가 어제 공원에서 만났던 것은 바로 그녀였다.)
　　It was at the park that I met her yesterday. 〈at the park 강조〉
　　(내가 어제 그녀를 만났던 곳은 바로 공원이었다.)
　　It was yesterday that I met her at the park. 〈yesterday 강조〉
　　(내가 공원에서 그녀를 만났던 것은 바로 어제였다.)

3. 생략 (Ellipsis)

문장 속에서 반복되는 어구를 생략하여 보다 간결한 문장을 만들거나 관용적으로 생략한다.

1) 반복을 피하기 위한 생략

a) 명사 생략

John has three brothers, and I have two (brothers).
　　　　　　　　　　　　　　　　　　　　　　명사
(John은 형제가 셋이 있고 나는 둘 있다.)
He breathed his last (breath). (그는 마지막 숨을 쉬었다.)

b) 동사 생략 : 조동사 뒤에 동사나 to뒤에 동사

If you can't come, someone else should (come).
(당신이 올 수 없으면 누군가 다른 사람이 와야 한다.)
He did all that they told him to (do). – 대부정사
(그는 그들이 하라는 것을 모두 했다.)

- 동사 + 목적어가 생략되거나 동사 일부만 생략 되는 경우도 있다.

Can you speak English? - Yes, I can (speak English).
(당신은 영어를 말할 수 있습니까? 네, 저 할 수 있습니다.)
A rubber factory will be built and tires (will be) made there.
(고무 공장이 세워져서 그곳에서 타이어가 만들어 질 것이다.)

c) 감탄문 에서 '주어 + 동사' 생략

How beautiful (it is)! (얼마나 아름다운지!)
What a pretty girl (she is)! (얼마나 아름다운 소녀인지!)

d) when, while, if, though 등이 이끄는 부사절에서 '주어 + be' 생략

While (he was) in Europe, he visited Paris.
(그가 유럽에 있는 동안 파리를 방문했다.)
Though (he was) startled, he tried to calm himself down.
(그가 놀랬지만 침착 하려고 애썼다.)

e) 접속사(that), 관계사의 목적격 생략

I know (that) she is pretty. (난 그녀가 예쁘다는 것을 알아.)
　　　　접속사

The boy (whom) you met there is his son.
　　　　　met의 목적어(관계사)
(네가 거기서 만났던 소년이 그의 아들이야.)

f) 소유격 + 장소 명사(store, shop, office, house 등) 생략

We had been shopping at Macy's (department store).
(우리는 메이시 백화점에서 쇼핑하고 있었다.)
We bought these books at Henry's (bookstore).
(우리는 이 책들을 헨리네 서점에서 샀다.)

g) 비교구문에서 생략 : than이나 as 뒤에서

I like you better than (I like) him.
(나는 그를 좋아하는 것 보다 너를 더 좋아해.)
He works as hard as you (work).
(그는 너 만큼 열심히 공부한다.)

h) 관용적 생략(격언·게시문 등에서)

(If a man is) Out of sight, (he will go) out of mind.
(눈에서 멀어지면, 마음에서도 멀어진다.)
No parking (is allowed)! (주차금지!)
(Keep your) Hands off (this). (손대지 마시오.)

i) 회화에서

(I) Thank you. (감사합니다.)
(May I) Beg your pardon? (다시 말씀해 주시겠습니까?)
(I'll) See you again. (또 뵙겠습니다.)
(I wish you a) Merry Christmas! (메리크리스마스!)

4. 삽입 (Parenthesis)

문장 중에서 필자의 생각이나 감정을 설명하기 위해 문장 중에서 'it·구·절' 등을 독립적으로 덧붙여 주로 콤마(Comma), 대쉬(Dash)나 괄호(Parenthesis)로 구별한다.

1) 주절에 해당절의 삽입(I believe, it seems to me, I am sure 등)형식

He is, <u>it seems to me</u>, a little more than thirty years old.
(그는 30세 보다 약간 더 나이 들어 보인다.)
This is, <u>I am sure</u>, what he means.
(내 생각에는 이것이 그가 의미하는 것이다.)

2) 의문사, 관계사가 있는 절 속에서의 삽입

a) 의문사가 있는 절에서 : 의문사 + do you think(suppose, imagine, believe, guess 등) + 주어 + 동사

How old <u>do you think</u> I am? (내가 몇 살이라고 생각하십니까?)
When <u>do you suppose</u> the riot will be calmed down?
(이 폭동은 언제 진정 될 것이라고 생각하십니까?)
* 의문문이나 관계사절 안에서 comma의 표시 없이 주절이 삽입되기도 함.

b) 관계사가 있는 절에서

He is a gentleman who <u>I think</u> is very honest.
(내 생각에는 그는 아주 정직한 신사이다.)
Do what <u>you believe</u> is right. (옳다고 믿는 일을 해라.)

3) 관용어구 삽입

a) as it were (so to speak) : 말하자면

- to be sure (to be exact) : 확실히

You are, <u>as it were</u>, a grown-up baby. (말하자면 너는 다 자란 큰 애기다.)
The dog is, <u>so to speak</u>, a member of the family.
(그 개는, 말하자면, 가족의 일원이나 같다.)

b) if ever : ~ 한다고 치더라도

- if any : ~ 있다고 해도

My uncle seldom, <u>if ever</u>, comes to see me.
(삼촌이 온다고 하더라도 나를 보러 오는 일이 거의 없다.)

He has few, if any, faults. (그에게는 결점이 있다고 해도 거의 없다.)

c) that is (to say) : 즉 다시 말하면

- as it is (as it does) : 이와 같이, 사실상

I wish I could go there - that is (to say), to my hometown.
(거기 갈 수 있으면 좋을 텐데 - 즉 나의 고향으로)
We hoped things would go better, but, as it is, they are getting worse.
(모든 것이 호전될 것으로 생각했었는데, 실제로 점점 악화되고 있다.)

4) 기타 절, 구 삽입

- if you like : 원한다면
- so far as I know : 내가 아는 한

You may, if you like, take the book home.
(원한다면 이 책을 집에 가져가도 좋아.)
Your brother, as far as I know, is a miser.
(내가 아는 한 너의 동생은 구두쇠야.)

5. 동격 (Apposition)

동격이란 명사(명사 상당어구)가 다른 명사(명사 상당어구) 뒤에 와서 앞에 있는 명사 (명사 상당 어구)와 동일한 문법적 관계를 지닌 채 보충 설명하는 것이다.

1) 명사 동격

- comma(,), dash(-), colon(:)이 사용 된다

Nelson's ship, the Victory led the attack.
(넬슨의 배 즉 빅토리아호가 공격을 이끌었다.)
He spoke on the subject : "International Trade."
(그는 국제무역이란 주제에 관해 연설했다.)

2) 명사절 동격 경우(conclusion, fact, proof, news 등) + that : ~ 라는 ~

I know the fact that she is kind. (나는 그녀가 친절하다는 사실을 안다.)

Is there any proof that the gun was his?
(그 총이 그의 것이었다는 어떤 증거라도 있습니까?)
We heard the news that he had succeeded in the work.
(그가 그 일에서 성공했다는 소식을 우리는 들었다.)

3) 부정사 동격 경우

He has but one aim in life, to make money.
(그는 인생에서 돈을 벌겠다는 목적 외에는 아무것도 없다.)
He has no wish to be rich. (그는 부자가 되겠다는 소원이 없다.)

4) 동격의 of : '명사 + of 명사' 또는 '명사 + (')'의 형식으로 of의 의미가 '~ 라는' 이나 '~ 와 같은'이 되어

She is an angel of a woman. (그녀는 천사 같은 여자이다.)
He gave up the idea of becoming a baseball player.
(그는 야구선수가 되겠다는 생각을 버렸다.)
There is not much hope of the explorer's being still alive.
(탐험가가 아직 살아 있을 것이라는 희망이 별로 없다.)

6. 공통 (Common Relation)

두 개 또는 그 이상의 어구가 다른 하나에 공통적인 관계를 가질 때 공통관계라 하며 주로 X(a + b + ~), (a + b + ~) X 등의 형식을 취한다.

1) X(a + b + ~) 형식

a) 주어 (동사 + 동사)

She gets up at six and goes to school at eight.
　주어　동사　　　　　　동사
(그녀는 6시에 일어나 8시에 학교에 간다.)
His energy is not and cannot be what it was.
　　주어　　동사　　　　동사
(그의 체력은 전과 같지 않으며 또 그럴 수도 없다.)

b) 명사 (수식어 + 수식어 ~)

He had the satisfaction, not only of making a fortune, but of feeling that he had given the world enormous benefits.
(그는 재산을 모았다는 만족감뿐만 아니라 세상에 큰 은혜를 베풀었다는 만족감을 가졌다.)

A utopia is a society different from and better than any existing one.
　　　　　　　명사　　　수식어　　　　　　수식어
(유토피아란 현재 존재하는 사회와는 다른 또 보다 훌륭한 사회이다.)

c) 타동사 (목적어 + 목적어)

He doesn't know where to go and what to do.
　　　　　타동사　목적어　　　　　목적어
(그는 어디로 가야 하는지 무엇을 해야 할지 모른다.)

He lost his hat and his temper. (그는 모자를 잃어버리고 성을 냈다.)
　　타동사 목적어　　　목적어

2) (a + b + ~) X 형식

a) (주어 + 주어) 동사

Tom, not Mary came here with me.
주어　　주어　　동사
(메리가 아닌 탐이 나와 같이 여기에 왔다.)

To see things and happening clearly, and to think of the future,
　주어　　　　　　　　　　　　　　　　　　　주어
is essential to civilization.
동사
(사물이나 사건을 똑똑하게 인식하고 장래를 생각하는 것은 문명에 절대 필요하다.)

b) (동사 + 동사) 부사 – and, but, or 뒤에서

Passions weaken, but habits strengthen, with age.
　　　　동사　　　　　　동사　　　　부사
(나이가 들어감에 따라 정열은 약화되고 습관은 굳어진다.)

She woke up early and (she) went out for a walk.
　　동사　　　　　　　　동사　　부사
(그녀는 일찍 일어나 산책을 나갔다.)

c) (동사 + 동사) 보어

He <u>has been</u> and <u>will be</u> a hard <u>worker</u>.
　　　동사　　　　동사　　　　　보어
(그는 지금까지 부지런한 일꾼이었으며 또 앞으로도 그럴 것이다.)

She <u>is</u> and <u>will be</u> <u>beautiful</u>.
　　동사　　동사　　　보어
(그녀는 지금도 예쁘고 앞으로도 예쁠 것이다.)

She always <u>looked</u> but never really <u>was</u> <u>happy</u>.
　　　　　동사　　　　　　　　동사　보어
(그녀는 항상 행복해 보이지만 정말로 행복한 것은 아니다.)

d) (동사 + 동사) 목적어

He <u>has not</u>, or <u>has never had</u>, <u>anyone</u> to love him.
　　동사　　　　　동사　　　　목적어
(그는 자기를 사랑하는 사람이 현재도 없거나 지금까지도 없었다.)

I have long <u>wanted</u>, and <u>have</u> just <u>bought</u> <u>the book</u>.
　　　　　동사　　　　　동사　　　　목적어
(내가 오랫동안 가지고 싶었던 책을 방금 샀다.)

e) (전치사 + 전치사) 목적어

No one can live <u>by</u> and <u>for</u> <u>himself</u>.
　　　　　　　전치사　　전치사　목적어
(어떤 사람도 홀로 그리고 혼자 힘으로 살 수 없다.)

7. 수의 일치

주어가 단수이면 단수동사로 주어가 복수이면 복수동사를 써서 인칭·수에서 일치시킨다. 그러나 이 원칙은 주어가 단수형이나 복수형이냐의 구별만으로는 되지 않고 그 의미에 따라 좌우될 때가 있다. 명사를 대명사로 바꿔 쓸때는 명사와 대명사의 성·수를 일치시킨다.

1) 주어가 한 개인 경우

a) 단수형 주어 + 복수 동사

주어가 의미상 복수이기 때문에 복수동사로 받음.

① 군집명사일 때

Our family are all early risers. (family : 군집명사-복수명사)
(우리 가족들은 모두 일찍 일어나는 사람들이다.)
* 하나의 단어가 군집명사로 쓰일 때도 있고 집합명사로 쓰일 때도 있다. 군집명사는 집합체를 이루는 개개인의 구성원을 생각할 때에 해당되고, 집합명사는 집합체를 하나로 생각할 때 해당 된다.

Our family is a large one. (family : 집합명사-단수명사)
(우리가족은 대가족이다.)
* 이에 속하는 단어는 class, family, people, police, crew, salmon, carp, trout, sheep, deer 등

Our class are all diligent.
(우리 학급은 모두 부지런하다.) (군집명사-복수명사)

Our class is very large.
(우리 학급은 대규모이다.) (집합명사-단수명사)

② most/half (of) + 복수명사 + 복수동사

Most of Arabic speakers understand Egyptian.
　　　복수명사　　　　　복수동사
(아랍어를 말하는 사람들은 대부분 이집트어를 이해한다.)
Half of the passengers were injured. (승객의 반이 부상당했다.)
　　　복수명사　　　복수동사

③ the + 형용사 + 복수동사

The rich(=Rich people) are not always happy.
　　　　　　　　　　　복수동사
(부자라고 항상 행복한 것은 아니다.)
The young(=Young people) should listen to the old(=old people).
(젊은 사람들은 나이든 사람의 말을 들어야 한다.)

b) 복수형 주어 + 단수동사

① 학문 · 나라이름 : 단일개념, 통일체를 나타내기 때문

Ethics is my favorite subject. (윤리학은 내가 제일 좋아하는 과목이다.)
* 단수 학문의 명칭 : economics, physics, statistics 등 학문은 단수형에 s가 붙음.

> The United States is a big country.
> (미합중국은 큰 나라이다.)

② 시간 · 거리 · 무게 · 금액 : 하나의 단일 개념을 나타낼 때
> Fifty years is a long time. (50년이란 긴 세월이다.)
> Ten miles is a long way. (10마일은 먼 거리다.)

2) 주어가 2개인 경우

① 동일(인/물)일 때
> He is a teacher and novelist. (그는 선생님이자 소설가이다.)
> * 관사가 하나여서 한 사람
>
> There are a teacher and a novelist.
> (선생님 한 분과 소설가 한 분이 계시다.)
> * 관사가 2개여서 두 사람
>
> The singer and actor shook hands with me.
> (가수이자 배우인 사람이 나와 악수했다.)
> * 관사가 하나이므로 한 사람

② 합쳐서 단일 개념을 나타낼 때
> Bread and butter is nutritious. (버터 바른 빵이 영양이 풍부하다.)
> A watch and chain is useful. (줄 달린 시계는 유용성이 좋다.)

8. 부정 (Negation)

부정의 의미는 부정어에 의해 나타나는 것이 보통이다. 그러나 부정의 내용을 부정어를 이용하지 않고 긍정문에서도 부정을 나타내기도 한다. 부정구문에는 전체부정, 부분부정, 단어부정, 이중부정, 준부정, 부정어를 쓰지 않는 부정구문이 있다.

> He never tells a lie. (그는 결코 거짓말 하지 않는다.)
> * 부정어가 있는 부정문
>
> He is the last man to tell a lie. (그는 절대로 거짓말 할 사람이 아니다.)
> * 부정어가 없는 부정문

There is hardly any hope of his recovery.
(그는 회복할 기미가 전혀 없다.)

* 부정어가 있는 부정문

There is small hope of his recovery. (그가 회복할 희망이 거의 없다)

* 부정어가 없는 부정문

부정어(Negative Word)

부정어의 대표적인 것은 부사 not이지만 그 외에도 다음과 같은 것이 있다.

	부사	형용사	대명사	접속사
아닌 (보통의 부정)	not neither nowhere	no neither	none nothing nobody neither	lest nor unless
거의 아닌 (약한 부정)	hardly scarcely seldom rarely little	little few	little few	
결코 아닌 (강한 부정)	never, no none, (little)	no		

* 구 형식의 부정어 <u>not at all</u>, not in the least, by no means, in no way 등

1) 문장 전체 부정

a) 부정의 not을 동사 또는 조동사에 붙여 문장 전체를 부정한다.

She is not tired. (그녀는 피곤하지 않다.)

They didn't enjoy the boat trip.
(그들은 선박 여행이 즐겁지 못했다.)

b) no를 주어나 목적어에 붙인다.

No seats are left. (남은 자리가 없다.)
　　주어

I have no money. (나는 돈이 없다.)
　　　목적어

2) 부분부정

전부·전체의 의미를 갖는 all, both, every, entirely, quite, always, necessarily 등 낱말이 부정어 not이나 no와 함께 쓰인다.

This is <u>not</u> <u>exactly</u> what I have expected.
(이것은 내가 기대했던 대로는 아니다.)

I do<u>n't</u> <u>quite</u> agree. (내가 전적으로 찬성하지는 않는다.)

3) 단어 부정

- not이 부정하는 어구 앞에 온다.

  <u>Not</u> <u>many</u> of them believed the story. 〈many의 부정〉
  (이 이야기를 믿는 사람은 그들 가운데 많지 않았다.)
  Many of them did <u>not</u> <u>believe</u> the story. 〈believe의 부정〉
  (그들 가운데 많은 사람들이 이야기를 믿지 않았다.)

- all ~ not
- every ~ not] 모두 ~ 하는 것은 아니다

- not always : 항상 ~ 하는 것은 아니다.

	전체 부정	부분 부정
명사가 셋 이상 일 때	not any, no, none	not all, not every
명사가 두 개일 때	not either, neither	not both
부사	not at all, never, not in the least,	not always(altogether, wholly, necessarily, entirely, exactly, completely)

I do<u>n't</u> want <u>any</u> of them. – 전체 부정
(나는 그것들 중 어느 것도 원하지 않는다.)
I do<u>n't</u> want <u>all</u> of them. – 부분부정
(나는 그것들 모두를 원하는 것은 아니다.)
I do<u>n't</u> buy <u>either</u>. – 전체 부정 (나는 어떤 것도 사지 않는다.)
I do<u>n't</u> buy <u>both</u>. – 부분 부정 (나는 둘 다 사는 것은 아니다.)

4) 이중 부정

두 개의 부정 어구가 겹치면 부정의 의미가 상쇄되어 긍정이 된다.
부정어와 impossible, unkind, without, unless 등과 연결한다.

> There is <u>no</u> rule <u>without</u> exceptions. (예외 없는 규칙은 없다.)
> There are <u>few</u> people who <u>don't</u> know this.
> (이것을 모르는 사람은 거의 없다.)

5) 준부정

a) hardly · scarcely(거의 ~ 않다), rarely · seldom(좀처럼 ~ 않다)

일반 동사의 앞, be 동사의 뒤, 조동사와 본동사 사이에 온다.

> We <u>hardly</u> ever go to the movies.
> (우리는 거의 영화 보러 가지 않는다.)
> He is <u>seldom</u> at home on Sundays. (그는 일요일에 좀처럼 집에 없다.)

b) little 과 few

> I have <u>little</u> money. (나는 돈이 거의 없다.)
> * little은 셀 수 없는 명사 앞에서
> We have very <u>few</u> problems with the boys.
> (우리는 소년들에 대해서는 거의 문제가 없다.)
> * few는 셀 수 있는 명사 앞에서

- little이나 few는 부정이지만 a little이나 a few는 긍정이다.
  > I have <u>a little</u> money. (돈이 조금 있다.)
  > I have <u>a few</u> friends in Busan. (부산에 친구가 몇 명 있다.)

6) 부정어를 쓰지 않는 부정 구문

부정어 no나 not 따위를 쓰지 않는 부정 구문으로 관용적 표현이다.

- anything but ~ ; 결코 ~ 아니다
  > He is <u>anything but</u> a genius. (그는 결코 천재가 아니다.)
  > The bridge is <u>anything but</u> safe. (그 다리는 결코 안전하지 않다.)

- far from ~ ; 결코 ~ 이 아니다

  > Much of what they recorded was far from the truth.
  > (그들이 기록했던 대부분의 것은 결코 사실이 아니었다.)
  > She is far from (being) happy. (그녀는 결코 행복하지 않다.)

- the last ~ ; 결코 ~ 하지 않는

  > He is the last man to leave his country.
  > (그는 결코 자기 나라를 떠날 사람이 아니다.)
  > You are the last man (in the world) I want to see.
  > (너는 내가 결코 만나고 싶지 않은 사람이야.)

- too ~ to ; 너무 ~ 해서 ~ 할 수 없다

  > He is too foolish to understand it.
  > (그는 너무 어리석어서 그것을 이해 할 수 없다.)
  > It's too cold to go outside. (너무 추워서 외출 할 수가 없다.)

9. 무생물주어 구문(=물주구문)

영어에서 주어로 쓰일 수 있는 것들이 많이 있는데, 동명사 · to 부정사 · it 뿐만 아니라 무생물이 주어가 되고 사람 또는 다른 명사를 목적어로 하여 우리말로 해석하기도 어려운 경우가 많다. 이런 경우에는 주어를 '원인 · 이유 · 시간 · 조건 · 양보' 등을 나타내는 부사로 해석하고 목적어를 주어로 해석하면 해석이 좀 더 쉬워진다. 이런 식으로 구성된 문장을 무생물이 주어로 쓰였다 해서 무생물 주어 구문, 즉 무생물주어(=물주구문) 구문 이라고 한다.

1) 무생물주어가 나타내는 것

a) 원인

> His wealth enables him to do anything.
> (그는 재산이 있어서 무엇이든지 할 수 있다.)
> This fact shows that he is innocent.
> (이 사실로 인해 그의 결백을 알 수 있다.)

b) 이유

Illness prevented him from coming.
(그는 병 때문에 올 수가 없었다.)
What caused the accident?
(왜 이 사고가 일어났습니까?)

c) 시간

The evening of the same day saw our bus reach the spot of the accident.
(같은 날 저녁에 우리들의 버스는 사고 현장에 도착했다.)
Every night found him poring over his books.
(그는 매일 밤 독서에 몰두했다.)

d) 조건

This bus takes you to the airport.
(네가 이 버스를 타면 공항에 갈 수 있다.)
A visit to the zoo will help you know many kinds of animals.
(네가 동물원에 가면 여러 종류의 동물에 대해서 알게 될 것이다.)

e) 양보

No amount of wealth can satisfy him.
(아무리 부유하게 되어도 그는 만족하지 않을 것이다.)
The mere thought of ghost makes me shudder.
(유령이란 것은 생각만 해도 나를 떨게 만든다.)

2) 무생물주어 해석하는 법

a) 목적어를 주어로, 주어는 부사로

This medicine will make you feel better.
　　주어　　　　　　　목적어
(네가 이 약을 먹으면 좋아 질 것 이다.) – 조건

The heavy rain has caused the river to rise.
　　주어　　　　　　　　목적어
(그 강물은 심한 비 때문에 불어났다.) – 이유

b) 무생물주어를 그대로 해석하기도 한다.

<u>The ball</u> hit me on the forehead. (공이 내 앞 이마에 맞았다.)
　주어

<u>This new law</u> will clear the way for many educational improvement.
　주어

(<u>이 새 법률</u>은 여러 가지 점에서 교육개선의 길을 터놓을 것이다.)

| 무생물주어 구문의 대표적인 동사 |

- S + remind + O + of (S를 보면 O는 ~ 을 생각한다)

  <u>She</u> <u>reminds</u> <u>me</u> <u>of</u> my mother. (<u>그녀를 보면</u> <u>나는</u> 어머니 생각이 난다.)
  　주어　　　　목적어

  <u>This picture</u> <u>reminds</u> <u>us</u> <u>of</u> our school days.
  (이 사진을 <u>보면</u> <u>우리는</u> <u>학창시절이</u> 생각난다.)

- S + show(find) + O ~ (S에 의해 O가 이해된다)

  <u>His experiment</u> <u>showed</u> <u>that the theory was false</u>.
  　　주어　　　　　　　　　　　목적어

  (그의 실험에 의하면 그 학설이 오류였던 것이 밝혀졌다.)

  <u>A close observation</u> will <u>show</u> <u>you</u> that the crow is a clever bird.
  　　　주어　　　　　　　　　　목적어

  (주의 깊은 관찰에 의해 너는 까마귀는 현명한 새란 것을 알게 될 거야.)

- S + tell(say) + O (S를 알면 O가 이해된다)

  <u>His letter</u> <u>tells</u> that he enjoys golf.

  (그의 편지를 읽으면 그가 골프를 즐기는 것 같아.)

  <u>The room</u> <u>tells</u> <u>a lot</u> about its occupant.

  (그 방을 보면 그 속에 살고 있는 사람에 대해 많은 것이 이해된다.)

- S + prevent(keep) + O + from ~ ing (S 때문에 O는 ~ 할 수 없다)

  <u>The noise of the TV</u> <u>prevented</u> <u>me</u> <u>from</u> hearing my father come in.
  　　　주어　　　　　　　　　　　　목적어

  (TV소리 때문에 아버지가 들어오시는 소리를 듣지 못했다.)

  <u>The heavy rain</u> <u>kept</u> <u>us</u> <u>from</u> going out.
  　　주어　　　　　　목적어

  (폭우로 우리는 외출하지 못했다.)

- S + enable + O + to ~ (S덕택에 O는 ~ 할 수 있다)

    Good health enabled her to pursue her study.
    　주어　　　　　　목적어
    (그녀는 건강해서 연구를 수행 할 수 있었다.)

    The settlement enabled the work to resume.
    　주어　　　　　　　목적어
    (협정 덕택에 일을 재개 할 수 있었다.)

○ 무생물명사의 소유관계

- 사람 · 동물의 소유격은 's를 붙인다

    The Norman's conquest of England in 1066 had a great effect on the English language.
    (노르만인이 영국을 정복한 것이 영어에 커다란 영향을 미쳤다.)
    Tom and Mary's car is at the garage.
    (톰과 메리의 차가 차고에 있다.)

- 무생물 명사의 소유격은 'of + 무생물명사'의 형태를 취한다.

    The legs of this AI robot are broken.
    (이 AI 로봇의 다리가 부러졌다.)
    Electricity was unknown to men of those days.
    (전기는 그 당시의 사람들에게는 알려져 있지 않았다.)

| 다음과 같은 경우에는 's를 붙인다 |

- 의인화된 경우

    Nature's law (자연의 법칙)
    Fortune's smile (행운의 미소)
    the mind's eyes (마음의 눈)

- 지명 · 나라이름

    England's history (영국 역사)
    Europe's future (유럽의 미래)
    Korea's exports (한국의 수출)

217

- 천체 · 시설물을 나타내는 명사
    - the world's population (세계의 인구)
    - the earth's rotation (지구의 자전)
    - the school's history (그 학교의 역사)

- 시간 · 거리 · 가격 · 무게 등을 나타내는 명사
    - yesterday's newspaper (어제의 신문)
    - an hour's flight (1시간의 비행거리)
    - a five mile's distance (5마일의 거리)
    - a pound's weight (1파운드의 무게)
    - three dollar's worth (3달러의 가격)

- 사람의 여러 활동 · 교통기관 등을 나타내는 명사
    - one's journey's end (여행의 결과)
    - his family's problem (그의 가족 문제)
    - love's pain (사랑의 고통)
    - the car's speed (그 차의 속도)

- 관용구
    - by a hair's breadth (간발의 차이로)
    - with a stone's throw (가까운 거리에서)

> 참고

영문법 학자[Onions, Hornby, Quirk]에 따른
영어 동사의 구조 비교

동사란 행동, 존재, 상태를 나타내거나 표현하는 단어이다.

아침에 눈을 뜨는 순간부터 밤에 잠을 자러 가는 순간까지 우리는 수백 개의 동사를 사용한다. 말을 하고, 글을 읽고, 쓴다. 동사 없이는 아무 것도 의사소통을 할 수가 없다. 동사는 명사의 행동이나 상태를 설명해 주는 언어이다. 주어가 없는 문장은 기원문이나 명령문이다. 그러나 동사 없는 문장은 없다. 참고로 영어단어는 거의 100만개가 되고 동사는 6000개 정도이며 미국 아이들이 아는 동사는 1200개 정도이다.

영어에서 동사의 중요성은 영어 발달사에서도 잘 나타난다. 9세기경 유럽의 여러 언어에서 영어가 독립해 독자적인 문법을 구축할 때 첫째 조건이 주어 다음에 동사의 위치를 확보하는 것이었다. 자동사는 주어의 이야기이고 타동사는 주어와 다른 사람 또는 사물과의 상호 관계를 한 눈에 밝혀 산만했던 문법체계를 정비했다. 주어 다음에 동사가 있으면 주어가 가는지, 오는지, 주는지, 받는지 곧 알 수 있다. 우리글은 동사가 문장 끝에 있어 상세한 정보를 거치고 나서 주어가 무엇을 하는지 겨우 알 수 있다. 주어 다음에 곧 동사가 오고 필요한 정보가 추가적으로 제시 되면 얼마나 경제적이고 생산적일까?

영어 동사에 접근하기 어려운 이유

우리가 영어동사를 익히는 데 어려움을 겪는 이유를 살펴보자. 영어는 문장을 구성하는 요소로 내용어(Contents Words – 명사·동사·형용사·부사)가 있고 독자적으로 쓰이지 못하고 문법적 기능만을 발휘하는 기능어(Function Words – 관사·조동사·전치사·접속사·대명사·관계사)가 있다. 그 내용어 중 동사는 문장형식을 결정하는 핵심요소일 뿐만 아니라 단/복수, 시제, 단/복문, 태, 법, 화법 등 문법의 절반이 들어 있는 정보덩어리이다. 게다가 동사 앞에 to가 붙거나, 동사+ing 로 형태를 바꾸면 동사성격을 지닌 채 '명사 · 형용사 · 부사' 역할을 하고, 한 문장 속에서 여러 개가 등장하여 각기 다른 역할을 한다.

이렇게 중요한 동사는 동사마다 개성적이고 독특한 형식을 가지고 있으며, 그것도 한 동사가 여러 개의 다른 형식을 가지고 있어 형식마다 그 의미도 다양하다. 이런 동사의 기본적인 틀이 5형식이다.

우리글의 동사는 형식이 없고 쓰임이 영어동사에 비해 단순하다. 영어동사의 개념을 확실히 하기 위해 우선 영어동사를 어려워하는 이유를 살펴보자.

  ○ 영어동사는 원형 · 과거형 · 과거분사형이 있으며 그 기능이 다르다. 동사활용에는 규칙동사와 불규칙동사가 있다.

원형	과거형	과거분사형	
want	wanted	wanted	
pull	pulled	pulled	〈규칙동사〉
be (am,are,is)	was (were)	been	
beat	beat	beaten	
bind	bound	bound	
break	broke	broken	〈불규칙동사〉
come	came	come	
go	went	gone	
put	put	put	

■ 비록 동사가 원형 · 과거형 · 과거분사 중 형태가 같은 것이 있다 하더라도 그 기능은 모두 다르다. 원형과 과거형은 주어 다음에 와서 동사 역할을 하지만 과거분사는 'be + 과거분사(수동태), have + 과거분사(완료시제)'일 경우에만 동사의 역할을 한다. 또 5형식에서 동사원형과 과거분사가 목적격보어로 쓰인다. 또한 불규칙동사 패턴이 여러 가지다.

■ 사전을 보면 우리글의 동사는 자동사와 타동사가 별개의 단어로 존재하며 그 의미가 다양하다. 그런데 영어의 동사는 한 개의 동사에 자 · 타동사가 다 들어 있는 경우가 많다.

예) 잡다(타동사)와 잡히다(자동사)

잡다(타동사¹)
① 손가락으로 움켜쥐고 놓지 않다
② 권리 등을 차지하다
③ 말의 뜻을 알다
④ 흠 따위를 들추어내다
⑤ 일자리나 집 따위를 정하다
⑥ 시간이나 장소를 차지하다
⑦ 증거를 쥐다

잡다(타동사²)
① 동물을 어떤 목적으로 죽이다
② 남을 모함하여 구렁에 넣다
③ 불을 끄거나 사건을 가라앉히다
④ 노한 마음이나 방탕한 마음을 가라앉히다

잡다(타동사³)
① 굽은 물건을 곧게 하다
② 옷 따위에 주름을 지게 하다

잡다(雜多)-명사
여러 가지 섞여 있음

잡히다(피동¹)
① 동물이 잡음을 당하다
② 남의 해치는 꾀에 넘어가다
③ 어떤 일이나 들뜬 마음이 가라앉다
④ 시끄러운 사건이 진압되거나 난 불이 끔을 당하다
⑤ 결점이나 흠 잡음을 당하다

잡히다(피동²)
① 굽은 것이 곧게 잡음을 당한다
② 옷 따위에 주름이 나게 하다

잡히다(사역동사)
① 얼음이 얼기 시작하다
② 손으로 잡게 하다
③ 풍악을 치게 하다

make

자동사 : (1형식) 나아가다, 향해서 가다, 향하고 있다, 가리키다
All the evidence <u>makes</u> <u>in the same direction</u>.
　　　　　　　　　　　　(전치사 + 명사 = 부사구)
(모든 증거가 한 방향을 가리키고 있다.)

자동사 : (2형식) ~이 되다, 확인하다
You had better <u>make</u> <u>sure</u> which is your car.
　　　　　　　　　　　보어
(당신의 차가 어느 것인지 확인하는 게 좋다.)

타동사 : (3형식) 만들다, 제작하다, 제조하다, 창작하다, 창조하다, 저술하다
Scientists have already <u>made</u> <u>model space cities</u>.
　　　　　　　　　　　　　　　　목적어
(과학자들은 이미 모형 우주도시를 만들었다.)

타동사 : (4형식) ~에게 ~을 만들어 주다
Her mother <u>made</u> <u>her</u> <u>a new dress</u>.
　　　　　　　　　　간/목　직/목
(그녀의 어머니는 그녀에게 새 옷을 만들어 주었다.)

타동사 : (5형식) ~을 하게 하다, ~을 시키다
Your song <u>made</u> <u>her</u> <u>happy</u>. (너의 노래가 그녀를 행복하게 했다.)
　　　　　　　　목　목/보

　　우리말의 동사가 복잡하고 어려운데도 우리는 매일 아주 자연스럽게 잘 쓰고 있다. 영어 동사도 개념적으로 쓰임새의 차이점과 공통점을 이해하고 두려움 없이 자연스레 알아 가면 쉽게 공부할 수 있을 것이다. 우리나라 중학교 13종 영어 교과서는 겨우 2200개 단어를 3년 동안 공부하는 데, 이 기본 단어를 암기하는 데에도 문제가 있다. 교과서에 나오는 단어 뜻

한 개만을 알고 있어 학년이 높아져 단어 사용이 복잡해지면 혼란을 겪는 것이다. 특히 동사에서 그 문제점이 더욱 뚜렷해진다. 예를 들면 1학년에서는 have가 3형식으로 목적어에 따라서 「가지다」, 「입다」, 「(생각을) 품다」, 「얻다」 등의 뜻이지만 5형식으로 목적어와 목적보어가 오면 사역동사로 「시키다」, 「당하다」를 쉽게 접근하기 어려워한다. 이 문제점을 해결하기 위해서는 조금 더딘듯하지만 처음 영어 단어를 만났을 때 무조건 단어의 첫 번째 뜻 하나만 암기하지 말고 차근차근 깊이 있게 전체적으로 사전을 훑어보며 한 단어가 지닌 여러 뜻을 암기하는 훈련이 필요하다. 그런 훈련에 익숙해지고, 영어실력이 좋아지는 것을 확실히 느끼면 학년이 올라갈수록 영어에 대한 흥미가 높아질 것이고 영어에 대한 자신감도 생길 것이다.

우리의 피동태와 영어의 수동태는 어떤 점에서 의미는 같으나 그 형태가 완전히 다르다. 우리의 피동태는 어간에 접사인 접미사를 붙여 「먹다」가 먹(어간) + 히다(접미사)가 된다. 영어는 능동태에서 주어와 목적어 자리를 바꾸고 동사 형태는 'be + 과거분사' 꼴로 수동태를 만든다. 주어가 동작을 가하는 형식은 능동태이고 주어가 동작을 받는 형식을 수동태라고 한다.

3형식

I visited him. - 능동

He <u>was visited</u> by me. - 수동 (나는 그를 방문했다.)
　　　be+과거분사

* 주어가 달라도 태를 바꾸면 같은 의미가 된다. 우리말에는 수동태가 거의 없다.

He writes a book. - 능동

A book <u>is written</u> by him. - 수동 (그는 책을 썼다.)
　　　be+과거분사

* 사람만 주어가 되는 것이 아니라 사물도 주어가 될 수 있음.

4형식

Our teacher asked us three questions. - 능동

① We <u>were asked</u> three questions by our teacher. - 수동
　　　be+과거분사

② Three questions <u>were asked</u> us by our teacher. - 수동
　　　　　　　　be+과거분사

(선생님은 우리에게 3가지 질문을 하셨다.)

* 수동의 형태가 ①과 ②가 되는데 ②의 형태는 우리말로 해석이 매끄럽지가 못하다.

■ 어떤 동사는 동사 외에 다른 품사로 쓰이는 경우도 있고, 품사에 따라 뜻이 달라진다.

open

동사 : 열리다, 연다, (꽃이)피다, 터지다, 금 가다
   Open your books to page 63. (63페이지를 펴시오.)

명사 : 공터, 광장, 너른 바다, 야외, 노천
   Let the seeds lie in the open for a day before planting them.
   (씨앗을 심기 전 하루 동안 공터에 놓아 둬라.)

형용사 : 열린, 열려있는, 열어 놓은, 공개된, 솔직한
   She left the door wide open. (그녀는 문을 넓게 열어 놓았다.)

home

동사 : 집으로 돌아오다, 근거지를 마련하다, (미사일)목표를 향하다, 접근하다
   The missile homed in on the target. (미사일이 목표를 향했다.)

명사 : 가정, 가정생활, 집, 가족, 가옥, 주택, 고향, 본국, 안식처, 원산지
   The restaurant isn't far from our home, so it's convenient.
   (레스토랑이 우리 집에서 멀지 않아, 그래서 편해.)

형용사 : 가정의, 자택의, 고향의, 본국의, 자국의, 국산의
   I'm looking forward to some home cooking.
   (나는 몇 가지 집 요리를 기대한다.)

부사 : 자기 집으로, 자택으로, 자국으로, 집에 있어서
   You should stay home until you're feeling better.
   (네 기분이 좋아 질 때까지 집에 있어야 한다.)

cool

동사 : 차게 하다, 시원하게 하다, 냉정해지다, 진정시키다
   Cool the cookies before storing them in an airtight container.
   (쿠키를 밀폐용기에 담기 전에 식혀라.)

형용사 : 서늘한(시원한), 냉정한, 침착한
The coffee got cool. (커피가 식었다.)

단어의 기능이 다양해서 문장 속에서 동사를 찾는 것이 중요하다.

■ 한 단어가 여러 의미를 갖는 것은 우리글에서도 마찬가지며 쓰임새 또한 복잡하다.

　　갈다

　　　　옷을 갈아입다. (교환하다)
　　　　논을 갈다. (농기구나 농기계로 땅을 파서 뒤집다)
　　　　칼을 갈다.
　　　　(날카로운 날을 세우거나 표면을 매끄럽게 하기 위해 다른 물건에 대고 문지른다)

　　가깝다

　　　　우리 집은 학교에서 가깝다. 〈거리〉
　　　　나는 그와 친형제처럼 가깝다. 〈다정하고 친근한 사이〉
　　　　일어나 보니 정오에 가까운 시간이었다. 〈어떤 수치에 근접〉
　　　　둘은 가까운 장래에 결혼할 사이다. 〈시간적으로 오래지 않아〉
　　　　나는 가까운 친척이라곤 이모 한 분이 계실 뿐이다. 〈촌수가 멀지 않다〉

■ 영어에는 가정법이란 틀이 있다.
　대표적으로 [if+주어+가정법 동사(직설법 동사의 시제와 다름) 주어+would/could/might+동사]의 틀로 마음 놓고 사실과 반대되는 가정을 하고 상상할 수 있다.(자세한 것은 [법]에서 설명함.)

■ to do, doing의 준동사가 있어 명사 · 형용사 · 부사 구실을 한다.
　자세한 설명은 준동사 · 전 + 명구, chapter에서 설명한다.

■ 시제가 우리말과 달리 다양하고 복잡하다.(추가 설명은 시제 편에서 상세히 함.)

write를 예로 들어 시제를 정리해 보면

write

현재	He writes the report.
현재완료	He has written the report.
현재진행	He is writing the report.
현재완료진행	He has been writing the report.
과거	He wrote the report.
과거완료	He had written the report.
과거진행	He was writing the report.
과거완료진행	He had been writing the report.
미래	He will write the report.
미래완료	He will have written the report.
미래진행	He will be writing the report.
미래완료진행	He will have been writing the report.

■ 한 문장에서 가장 주된 동사(main verb-본동사)는 1개다. 그러나 등위접속사 and, but, or 등이 여러 개의 문장을 연결하면 본동사도 여러 개가 된다.

I want to read an English novel which is interesting.
  본동사   (나는 재미있는 영어소설 한 권을 읽고 싶다.)
          * 관계사 which절은 선행사 한 권의 영어소설을 수식하는 형용사 절이어서 is는
           본동사가 아니고 want가 본동사임.

They plant pipes in the soil and cold water flowing through them cools the earth.
     본동사   등/접   본동사
(그들은 땅속에 수도관을 묻고 그 관을 통해 흐르는 찬물이 땅의 온도를 식혀 준다.)

■ 주어가 부사 · 형용사(형용사구 · 형용사절-관계사절)의 삽입으로 동사와 떨어져 있을 때 한 눈에 동사를 찾고 구분 파악하는 데 어려움을 겪는다.

Richard Milhous Nixon (former president of the United States) wrote a book about
　　　주어　　　　　　　　형용사구　　　　　　　　　　본동사　목적어
his career in the White House. (미국의 전 대통령인 Richard Milhous Nixon은 백악관에서 그의 생애에 대한 책을 썼다.)

The experience and knowledge (we have gained through life) will have connection
　　　　　주어　　　　　　　　　　관계사절　　　　　　동사　　목적어
with our will to survive. (우리가 삶을 통해 얻고 있는 경험과 지식은 살려고 하는 우리 의지와 관련이 있을 것이다.)

■ 우리는 영어 동사가 문장 속에서 갖는 생명력을 잘 알지 못한다. 하지만 동사 사용빈도가 문장 속에서 얼마나 생동감을 주는지 과학적으로 분석한 자료가 있다. G.Leech 등은 Grammar of Spoken and Written English(2004, Longman 출판)에서 단어 사용을 조사하기 위해 단어를 수집해 분석하는 데이터인 Corpus를 이용해 회화·픽션·뉴스·학술논문 분야에서 동사를 논리적으로 분석했다.

예) want 사용빈도를 보면
　　want + to do - 56%
　　want + o - 21%
　　want + o + to do - 15% 였다

결론에서 동사 사용은 평균 10단어 중 1번으로
회화에서는 8단어 중 1번
픽션에서는 7단어 중 1번
뉴스에서는 10단어 중 1번
학술논문에서는 12단어 중 1번임을 밝히고 동사 사용횟수가 문장의 이해 속도와 관계가 있으며 동사가 많은 문장이 머뭇거림이 적어 유창하게 이어진다. 그리고 동사가 적은 문장은 명사나 형용사가 많아 속도가 느려진다고 동사의 중요성을 밝혔다. 즉 회화에서 활용빈도가 높듯, 문장 속 동사 사용 횟수와 문장의 이해속도는 비례한다.

■ 동사의 뜻에 따라 구별되는 형식을 어려워한다. 우리말의 동사는 한 개 동사의 뜻이

단순한 데 비해 영어 동사는 한 개 동사가 여러 형식을 가지고 있으며 형식에 따라 뜻이 달라진다. 우리가 잘 아는 「go」를 살펴보자

go

1형식 : [+ 부 / + 전 + 명] (어떤 장소·방향으로)가다, 향하다, 떠나다, 이르다

I went <u>home</u> at the weekend. (나는 주말에 집에 갔다.)
　　　　부

The road goes <u>to Seoul</u>. (이 길은 서울로 이어진다.)
　　　　　　　전　명

2형식 : [+ 보] (대체로 바람직하지 못한 상태로) 되다, (어떤 상태에) 있다

This egg went <u>bad</u>. (달걀이 상했다.)
　　　　　　　보

Her complaints went <u>unnoticed</u>. (그녀의 불평은 무시되어 버렸다.)
　　　　　　　　　　보

3형식 : [+ 목] (보통 부정형에) ~에 견디다, ~을 참다

I can't go <u>his preaching</u>. (그의 설교를 참을 수가 없다.)
　　　　　　목

4형식 : [+ 목 + 목]

I'll go <u>you</u> a <u>dollar</u>. (나는 너에게 1달러를 걸겠다.)
　　　　목　　목

  * get, make, keep, run 등 중학교 1, 2, 3학년 교과서에 등장하는 100여개의 동사(기본동사)가 이런 식이다.

논리적으로 구성된 영어문법은 단순 암기가 아니라 논리적으로 배워야 한다. 동사를 「가다」, 「오다」, 「가지다」, 「만들다」로 암기하지 말고 형식을 안다면 그 가성비의 효과는 놀라울 것이다.

동사 사용의 핵심인 5형식에 대해 자세히 알아보자.

영어 동사 형식을 분류하는 방법으로 5형식은 1904년 영문법 학자이며 사전 편찬자인 영국의 어니언스(Charles Talbut Onions - 1873~1965)가 고등영어통사론(AN ADVANCED ENGLISH SYNTAX)에서 처음으로 언급했다.

5형식을 다음과 같이 분류하여 동사의 성격을 구별하고 우리는 이에 익숙해져 있다.

1형식 : 주어 + 동사(완전자동사 - Complete intransitive Verb)

<u>Nothing</u> <u>matters</u>. (아무것도 문제되지 않는다.)
　주어　　동사

2형식 : 주어 + 동사 + 보어(불완전자동사 - Incomplete intransitive Verb)

<u>The total</u> <u>is</u> <u>seventy-two</u>. (총계는 72이다.)
　주어　　동사　　보어

3형식 : 주어 + 동사 + 목적어(완전타동사 - Complete Transitive Verb)

<u>He</u> <u>loves</u> <u>cooking</u>. (그는 요리하는 것을 좋아한다.)
주어　동사　　목적어

4형식 : 주어 + 동사 + 간접목적어 + 직접목적어(수여동사 - Dative Verb)

<u>We</u> will <u>give</u> <u>him</u> <u>some questions</u>.
주어　　　동사　간/목　　직/목
(우리는 그에게 몇 가지 질문을 할 것이다.)

5형식 : 주어 + 동사 + 목적어 + 목적보어(불완전타동사 - Incomplete Transitive Verb)

<u>He</u> <u>made</u> <u>his daughter</u> <u>a soldier</u>.
주어　동사　　목적어　　　목적보어
(그는 자기 딸이 군인이 되도록 했다.)

또한 그는 OXFORD ENGLISH DICTIONARY의 4번째 편찬자로 참여했고 38,000 단어를 다룬 THE OXFORD DICTIONARY OF ENGLISH ETYMOLOGY도 편찬했다. 하지만 우리는 지금까지 주로 5형식으로만 이해하고 익숙해져 있다.

뒤를 이어 영문학자이자 역시 사전 편찬자인 혼비(Albert Sideny Hornby - 1898~1978)는 A GUIDE TO PATTERNS AND USAGE IN ENGLISH(1954- Oxford University Press)에서 종래의 Sentence Pattern(문형)의 형식을 Verb Pattern(동사형)으로 바꾸고, 동사 Patterns 25개에 Table 80개로 to do, doing, 부사, 전명구, that절, wh.절, wh. to do를 추가해 영어 학습의 중점을 철저한 동사에 두었다. 이 25개 동사 Pattern이 모두 우리 중학교 교과서에 나온다. 25개 동사 Pattern 중 하나를 예를 들면 동사 Pattern 1 중에는 Table이 13개가 있고 be동사를 설명하여 명사·대명사·형용사·부사(구)·전+명구·to 부정사·절을 뒤에 두어 훨씬 상세하고 구체적인 형식을 제시하고 있다.

예를 들면,

| Verb Pattern 1. |

Table 1 : 주어 + be + 명사/대명사

This is a book. (이것은 내 책이다.)
주어 be 명사

That's mine. (그것은 내 것이다.)
주어 be 대명사

의문사 + be + 주어

What colour is her hair? (그녀의 머리카락은 무슨 색이니?)
의문사 be 주어

Table 2 : 주어 + be + 형용사(형용사 구)

The ship is still afloat. (그 배는 아직도 떠 있다.)
주어 be 형용사

I was not aware of that. (나는 그것을 알고 있지 않았다.)
주어 be 형용사구

Table 3 : 주어 + be + 전 + 명구

She's in good health. (그녀는 건강 상태가 좋다.)
주어 be 전+명+구

This poem's beyond me(=to difficult).
 주어 be 전 (대)명
(이 시는 나에게 너무 어렵다.)

Table 4 : 주어 + be + 부사(부사구)

Your friend's here. (너의 친구가 여기 있다.)
 주어 be 부사

My house is near the station. (우리 집은 정거장 근처에 있다.)
 주어 be 전명구(부사구)

Table 5 : There + be + 주어

There must be a mistake. (틀림없이 실수가 있어.)
 there be 주어

There was a large crowd. (많은 군중이 있다.)
 there be 주어

Table 6 : There + be + 주어 + 수식어

<u>There</u> <u>were</u> <u>several hotels</u> <u>in this town</u>.
  there   be   주어   수식어
(이 마을에는 몇 개의 호텔이 있었다.)

<u>There</u> <u>are</u> <u>three windows</u> <u>in this room</u>.
  there   be   주어   수식어
(이 방에는 3개의 유리창이 있다.)

Table 7 : It + be + 형용사/명사 + to do

<u>It</u> would have <u>been</u> much <u>wiser</u> <u>to reduce</u> speed.
 it   be   형용사   to do
(속도를 줄이는 것이 훨씬 현명했었을 텐데.)

<u>It</u> would <u>be</u> <u>a mistake</u> <u>to ignore</u> their advice.
 it   be   명사   to do
(그들의 충고를 무시하는 것은 실수가 될 걸.)

Table 8 : How/What + 형용사/명사 + (it + be) + to do

<u>How</u> <u>nice</u> (it is) <u>to sit</u> here with you!
 how 형용사   to do
(여기에 너와 함께 앉아 있다니 얼마나 멋진 일이야!)

<u>What</u> <u>a mistake</u> (it would be) <u>to ignore</u> their advice!
 what   명사   to do
(그들의 충고를 무시하다니 얼마나 큰 실수야!)

* 의문사가 문 뒤에 오는 형태이다.

Table 9 : It + be + 형용사/명사 + 동명사

<u>It's</u> so <u>nice</u> <u>sitting</u> here with you!
it be   형용사 동명사 (여기에 너와 함께 앉아 있다니 얼마나 멋진 일이야!)

<u>It</u> <u>was</u> difficult <u>business</u> <u>getting</u> everything ready in time.
it   be   명사   동명사
(제 시간 안에 모든 것을 준비하는 것은 어려운 일이었다.)

* It은 가주어, 명사나 동명사가 진주어 형태이다.

Table 10 : 주어 + be + 절

<u>The trouble</u> <u>is</u> <u>(that) all the shops are shut</u>.
    주어   be   절
(문제는 모든 상점들은 문이 닫혔다는 것이다.)

This is where I work.
주어 be   절   (이 곳은 내가 일하는 곳이다.)
* be 동사의 보어로 절이 온다.

Table 11 : It + be + 명사/형용사 + 절

It was a pity (that) you couldn't come.
It be   명사   절
(네가 올 수 없었다는 것이 유감이야.)

It was strange he should have said that.
it be 형용사   절
(그가 그렇게 말해야만 했다는 것이 이상한 일이었어.)

* It은 가주어이고 절이 진주어 이다.

Table 12 : 주어 + be + to do

This house is to let. (이 집은 세를 놓습니다.)
 주어   be to do

My aim was to help you. (나의 목표는 당신을 돕는 것이었습니다.)
 주어   be to do

Table 13 : It + be + 형용사/명사 + for 명사/대명사 + to do

It was hard for him to live on his small pension.
it be 형용사 for 대명사 to do
(그는 적은 연금에 의지해서 살기가 어려웠다.)

It was a rule for men and women to sit apart.
it be   명사   for 명사   to do
(남자와 여자가 별도로 떨어져 앉는 것이 규칙이었다.)

* It 가주어 for 명사/대명사(-의미상주어) to do(-의미상동사)의 형태.

그 뒤 1990년에 영국의 문법학자인 쿼크(James R Quirk – 1884~1932)는 A STUDENT'S GRAMMAR OF THE ENGLISH LANGUAGE(Longman)에서 Onions의 5형식에 부사를 추가하여 7형식을 제안하기도 했다.

| 7형식 |

1형식 : 주어 + 동사

The sun is shining. (태양이 빛나고 있다.)
 주어   동사

<u>The wind</u> <u>is blowing</u>. (바람이 불고 있다.)
　주어　　 　동사

2형식 : 주어 + 동사 + 보어

<u>She</u> <u>is</u> <u>a student</u>. (그녀는 학생이다.)
주어 동사　 보어

<u>Your dinner</u> <u>seems</u> <u>ready</u>. (너의 저녁식사가 준비 된 듯하다.)
　　주어　　　 동사　　 보어

3형식 : 주어 + 동사 + 부사

<u>He</u> <u>is</u> <u>in the room</u>. (그는 방 안에 있다.)
주어 동사　 부사

<u>My office</u> <u>is</u> <u>in the next building</u>. (나의 사무실은 다음 건물 안에 있다.)
　주어　 동사　　　 부사

4형식 : 주어 + 동사 + 목적어

<u>She</u> <u>wrote</u> <u>a wonderful poem</u>. (그녀는 근사한 시를 썼다.)
주어　 동사　　　 목적어

<u>That lecture</u> <u>bored</u> <u>me</u>. (그 강의는 나를 지루하게 만들었다.)
　　주어　　　 동사　 목적어

5형식 : 주어 + 동사 + 간접목적어 + 직접목적어

<u>I</u> <u>gave</u> <u>her</u> <u>a pretty doll</u>. (나는 그녀에게 예쁜 인형을 주었다.)
주어 동사　간목　　직목

<u>I</u> <u>must send</u> <u>my parents</u> <u>an anniversary card</u>.
주어　 동사　　　 간목　　　　　 직목
(나는 우리 부모님에게 연하장을 보내야만 한다.)

6형식 : 주어 + 동사 + 목적어 + 목적격보어

<u>I</u> <u>found</u> <u>the book</u> <u>important</u>. (나는 그 책이 중요하다는 것을 알았다.)
주어 동사　 목적어　　 목적보어

<u>Three men</u> <u>have been making</u> <u>the ground</u> <u>flat</u>.
　주어　　　 　　동사　　　　　　 목적어　 목적보어
(세 명의 남자들이 땅을 평평하게 계속 고르고 있는 중이다.)

7형식 : 주어 + 동사 + 목적어 + 부사

<u>She</u> <u>put</u> <u>the dishes</u> <u>on the table</u>. (그녀는 접시들을 탁자 위에 놓았다.)
주어 동사　 목적어　　　 부사

<u>The</u> <u>magician</u> <u>made</u> <u>the water</u> <u>into wine</u>.
　　주어　　　동사　　목적어　　　부사
(마술사가 물을 와인으로 만들었다.)

위와 같이 부사의 중요성을 덧붙여 7형식을 만들어 장소·방법·시간·원인·이유·부대상황·목적 등을 부각 시켜 문장을 화려하게 했다.

동사형(Verb Pattern)에 대한 설명은 영국의 유명한 학자들 외에 우리 영한사전에도 자세히 나와 있어 모든 교과서는 물론 교재의 근간이 되고 있다.

한 예로 엣센스 영한사전(민중서관 2008년 제11탄) 책머리에 있는 해설을 보면 29개의 동사형이 자세히 설명되어 있다. 몇 가지 동사형을 보면,

| 동사형 |

1. ((~)) - 1형식으로 완전자동사 표시임

    Birds fly. / He died. / There is a garden in front of the house.
    (새들이 난다. / 그는 죽었다. / 집 앞에 연못이 있다.)

2. ((~ + 부)) - 1형식으로 부사가 있는 완전자동사 표시

    He came <u>in</u>. / Prices are going <u>down</u>. / His book is selling <u>well</u>.
    　　　　　부　　　　　　　　　　　부　　　　　　　　　　　　　　　부
    (그가 들어 왔다 / 물가가 내려가고 있다. / 그의 책이 잘 팔린다.)

3. ((~ + 보)) - 2형식 불완전자동사 표시임

    She became <u>a singer</u>. / He remained <u>poor</u> all his life.
    　　　　　　　보　　　　　　　　　　　　보
    (그녀는 가수가 되었다. / 그는 평생 가난했다.)

4. ((~ + to be 보)) ((~ + (to be)보)) - 2형식 불완전자동사로 ① to be 형태와
    　　　　　　　　　　　　　　　　　　　② (to be) 로 to be가 없는 보어가 온다.

    He seems <u>to be happy</u>. / I happened <u>to be out</u> when she called.
    　　　　　　보　　　　　　　　　　　　　　보
    (그는 행복한 듯하다. / 나는 그녀가 전화했을 때 우연히 외출했었다.)
    He seems (to be) angry. (그는 화가 난 듯하다.)

한참 띄어 마지막 동사형 28, 29를 보면,

28. ((~ + 목 + 전 + 명)) 3형식으로
   ① 전+명구가 동사와 연결 되며 전치사는 늘 일정함
   ② 전치사는 주로 to 또는 for로 한정되며 '명'은 동사형 26. ((~ + 목 + 목))의 간접목적어에 해당
   ③ '전+명'이 장소·방향·기간 따위의 뜻을 나타내는 부사구가 포함됨

   I explained the problem to him.
                 목   전 (대)명
   (그에게 그 문제를 설명했다.)

   He sold his old car to one of his friends.
           목   전   명
   (그는 한 친구에게 그의 낡은 차를 팔았다.)

   Don't stick your head out of the car window.
           목   전   명
   (차창 밖으로 머리를 내밀지 마.)

29. ((~ + 전 + 명 + that 절)) – 형식은 3형식이지만 that절은 직접목적어에,
                                  전 + 명 은 간접목적어 의미를 지님.

   He explained to us that he had been delayed by the weather.
               전(대)명   that절
   (그는 날씨 때문에 지체 되었다고 우리에게 설명했다.)

   He suggested to John and Mary that they go to Spain for their holidays.
               전   명   that절
   (그는 존과 메리에게 휴가 동안 스페인 갈 것을 제안했다.)

우리가 흔히 5형식이라고 하는 동사형은,

13.((+~목 + to do)), 14.((~목 + 보)), 15.((~+ 목 + as + 보)), 16.((~+ 목 +to be 보)), ((~ 목 + (to be) 보)), 17.((+ 목 +do)), 18.((~ 목 +ing)), 19.((~ 목 +done)), 23.((~ 목 +wh. to do))에 있다.

다시 말하면 한 가지 형식에 동사형이 여러 가지가 있고, 동사형에 따라 의미는 달라진다. make를 간단히 설명하면 다음과 같다.

make

1형식 : [~/+부] 만들어 지다, 제조 되다

  Nails are <u>making</u> in this factory. (이 공장에서 못이 제조 된다.)
              부사(전명구)

2형식 : [+보] ~으로 보이게 하다, ~하게 행동하다, 어떤 상태가 되다

  She makes <u>merry</u>. (그녀는 명랑하게 행동하다.)
              보어

3형식 : [+목/목+전+명] 만들다, 제작(제조)하다, 짓다, 건설하다

  I <u>made</u> <u>a poem</u>. (나는 시 한 수를 지었다.)
          목적어

  I <u>made</u> <u>a new suit</u> <u>for him</u>. (나는 그를 위해 새 양복을 만들었다.)
          목적어   전+명

4형식 : [+목+목] 마련하다, 준비하다

  I <u>made</u> <u>her</u> <u>an offer</u>. (그녀에게 한 가지 제안을 했다.)
          목적어 목적어

5형식 : [+목+보] ~ 을 ~ 라고 생각하다, ~ 으로 보이게 하다

  I <u>made</u> <u>him</u> <u>an American</u>. (나는 그를 미국사람이라고 생각한다.)
          목적어   목적보어

  Your song <u>made</u> <u>her</u> <u>happy</u>. (당신의 노래는 그녀를 행복하게 했다.)
                    목적어 목적보어

  [+목+do] ~ 하게 하다

  I'll <u>make</u> <u>him</u> <u>go</u> there whether he wants to or not.
              목적어 do   (그가 원하든 원하지 않든 거기에 가게 할 것이다.)

  [+목+done] ~을 보이게 하다

  I took pains to <u>make</u> <u>myself</u> <u>understood</u>.
                          (to 부정사의) 목적어 done
  (내가 말한 것을 이해시키기 위해 애를 먹었다.)

> 부록 1

영어는 어떤 언어인가? (영어의 발달과정)

영어를 이해하려면 우선 영어가 발달했던 과정을 살펴볼 필요가 있다.

영국은 BC 750년경부터 Celt족들이 Briton섬에 정착하여 한때는 Spain 북부 Italy를 점령하여 Roma를 위협할 정도의 세력을 누리기도 했다. 그런데 BC 55 ~ BC 54년에 걸쳐 유명한 Roma의 장군 카이사르(Julius Caeser BC100~AD44)가 금, 공물을 얻으려고 처음으로 England에 상륙했으나 곧 퇴각하고 2차로 AD43년에 클라디우스(Claudius BC10~AD54)가 4만의 대병력을 동원하여 재차 침입하여 Roma가 멸망한 때인 AD410년 까지 무려 370년간이나 영국을 지배했다. 이때 로마인들이 가지고 간 언어가 라틴어(Latin), 그리스어(Greek), 히브리어(Hebrew)였다.

449년부터는 서로마제국을 멸망시킨 German족에 속하는 Anglo-Saxon족이 Briton 섬에 건너와 여러 왕국을 건설했고 그 후 8c에서 11c(대개 750~1050)까지 북유럽으로부터 Danes와 Viking족이 남하하여 영국의 일부 지역을 정복했다. 1066년 이후 1154년 까지는 Norman의 정복이 다시 시작되었고 무려 1000년이 넘는 기간 동안 전 유럽 국가들의 침략을 적어도 300여년 단위로 고루고루 받아 왔다. 그러던 중 9c말 Viking에 대항하기 위해 Alfred The Great, Edward The Elder와 Athelstan 3대의 왕이 100여 년 동안 영국을 통일하여 중흥기를 맞이해서 황폐한 교회와 수도원을 재건하고 학문과 문화를 발달시키고 사회의 기능을 재정비하여 영국사회의 근간을 재정립했다. Roma에 수도사와 학자들을 파견하여 발전된 문물을 도입하고 많은 번역사업도 했다. 이때 전 유럽의 언어가 혼재해 있던 영어에 문법체계의 규칙성을 정비했다.(조성식)

그 영어의 문법 체계가 바로 ① 자동사 ② 타동사 ③ 등위접속사 ④ 종속접속사 ⑤ 대명사의 위치를 결정한 것이다. 이 결정이 그때 까지 존재했던 굴절어(inflexional language)를 버리고 분석적 표현(analytical expression)이 핵심인 기능어(functional language)로 바뀌는 데 핵심 역할을 했다. 즉 문법적으로 동사와 명사의 위치를 고정시켜 영어가 다루기 쉽게 되고 의사소통에서 오류를 줄이게 되었다.

이것은 현대 통사론의 기본인 ① 주어와 술어와의 관계 ② 주어와 목적어와의 관계 ③ 등위적인 요소와의 관계 ④ 전후지칭(cross-reference)에 관련된 요소 사이에서 명사와 대명사의 관계와 같다. 즉 현재 통사론의 기본이 9c경에 만들어진 것이다. 10c경 Norman Conquest 이후에는 이민족의 침입은 없어지고 체계적인 영어는 중세에 접어들면서 성장한다.

중세말기(중세는 서로마제국의 멸망(476)과 German 대이동(4c~6c)부터 문예부흥기 까지)에 들면서 대학이 생기기 시작한다. 이태리에서 1156년에 볼로냐(Bologna-의과)대학, 1231년에 살레르노(Salerno-법과)대학이 설립되고 프랑스에서는 1215년에 파리(Paris)대학, 영국에서는 12c초 옥스퍼드(Oxford)대학, 1209년에는 캠브리지(Cambridge)대학이 생겨 고등교육을 받을 수 있게 되었다.(Naver) 문예부흥기에 접어들면서 유럽에서는 대문호들이 탄생한다. 신곡의 저자 단테(Dante Alighieri, 1265~1321), 데카메론의 저자인 보카치오(Boccacc, 1313~1375), 돈키호테의 저자인 세르반테스(Miguel de Cervantes, 1547~1616) 등의 등장으로 인본주의가 핵심인 문예부흥기가 꽃을 피웠다.

한편 영국에서도 대문호들이 등장해 영어발달에 획기적인 일이 생겼다. 그 당시의 대문호들 중 일부와 그들의 업적을 소개하면 다음과 같다.

○ Geoffrey Chaucer(1340~1400) : 영국의 작가이자 시인인 그는 「켄터베리 이야기(Centerbury Tales)」와 「트로일러스와 크리세이드(Troilus and Criseyde)」에서 풍자와 곁들여 중세의 시대이념, 사회풍조, 민심동향을 절묘하게 묘사하면서 중동부 방언을 표준어의 위치까지 올려놓았다.

○ John Wycliffe (1320~1384) : 1384년에 처음으로 성경을 영어로 번역했고 이 번역판이 영국 전국에 전파 되었다.

○ William Caxton(1422~1491) : 1476년 런던에 처음으로 인쇄소를 차려 트로이 전쟁을 다룬 역사물과 Chaucer의 작품 등을 최초로 영어 인쇄물로 대량 출판하여 표준영어 발달에 크게 기여했다.

○ William Shakespeare(1564~1616) : 19c 영국의 대표적인 사상가이자 역사가였던 Thomas Carlyle이 '인도를 잃어버리는 한이 있더라도 Shakespeare는 잃고 싶지 않다'라고 했을 만큼 영국인의 긍지로 여기는 최고의 극작가인 Shakespeare는 38편의 비극과 희극을 써서 현대 영어의 기틀을 마련했다(최용훈). 햄릿, 맥베쓰, 로미오와 줄리엣 같은 비극에서는 인간의 배신과 어리석은 사랑, 자만 뒤에 오는 몰락과 깨달음, 탐욕과 번민을 그렸고, 한여름 밤의 꿈, 베니스의 상인, 뜻대로 하세요, 말괄량이 길들이기 같은 희극에서는 서정적인 분위기, 재담, 익살, 해학 등 따뜻한 이해와 공감을 방대하고 현란한 문체와 인간 본성에 대한 깊은 통찰력을 바탕으로 심도 있게 표현해 놓은 것을 우리는 볼 수 있다.

인본주의 사상이 핵심인 문예부흥기(14c~16c)때는 문학에서 뿐만 아니라 탁월한 화가, 조각가, 건축가, 예술가 등이 탄생했다. 이탈리아를 대표하는 천재적 미술가, 과학자, 수학자이면서 해부학에 능했던 레오나르도 다빈치(Leonardo Da Vinci, 1452~1591 - 최후의 만찬), 이탈리아의 조각가이자 건축가인 미켈란젤로(Michelangelo Buonarroti, 1475~1504 - 천지창조, 피에타상, 다비드상), 이탈리아의 화가이자 건축가인 라파엘로(Raffaello Sanzio, 1483~1520 - 성모와 아기예수, 아테네 성당)가 태어났다.

사회과학 분야에서는 근대 정치 철학의 아버지라고 불리는 이탈리아의 역사학자이자 정치 사상가인 마키아벨리(Niccolo Machiavelli, 1469~1527 - 군주론), 영국의 정치가이면서 이상 국가를 꿈꾸었던 토마스 모어(Thomas More, 1478~1535 - 유토피아), 그리고 토마스 모어와 친구인 교육사상가로 추앙받는 네덜란드 출신의 에라스무스(Desiderus Erasmus, 1466~1536 - 우신예찬), 프랑스 작가이자 의사인 라블레(Francois Rabelais, 1466~1536 - 팡타그뤼엘과 가르강 투어), 프랑스의 사상가 몽테뉴(Michael Eyquem de Montaigne, 1533~1592 - 수상록) 등 문예부흥기에 역사에 기록되어 수백 년을 추앙받는 수많은 철학자, 사상가, 문장가, 화가, 예술가 등 위대한 인물들이 나타나 인문학의 꽃을 피웠다.

그 맥은 17c에도 이어져 이탈리아의 철학자 캄파넬라(Tommaso Campanella, 1568~1639 -

태양의 나라), 영국에서는 Shakespeare에 버금가는 시인으로 평가 받는 밀턴(John Milton, 1608~1674 - 실낙원), 영국 경험론, 철학의 시조로 루소의 자연주의와 대비되는 록크(John Locke, 1632~1704 - 인간오성론) 등이 등장했고, 특히 프랑스에 있는 사회계약론자이자 계몽주의 철학자인 루소(Hean Jacques Rousseau, 1712~1778 - 에밀)는 에밀이라는 소년의 이상적인 시민 교육 방법을 5권의 책으로 써서 자연주의 교육을 주장했다.

인문학이 이렇게 화려한 발전 과정을 거치는 동안 과학 분야에서도 획기적인 변화가 일었다. 코페르니쿠스(Nicolaus Copernicus, 1473~1534)는 기존의 천동설에 대치되는 지동설(1530)을 주장해 과학의 새로운 시대를 열었다. 프랑스에서는 천재 철학자 데카르트(Rene Decartes, 1596~1650)가 등장해 심신이원론을 주장했고, 데카르트는 철학자이자 동시에 수학자, 물리학자, 해석기하학의 창시자로 근대철학(합리주의)의 아버지라 불렸다. 그 뒤 과학 발달에 힘을 입어 천문학자이자 수학자 갈릴레오(Galileo Galilei, 1564~1642)가 망원경을 만들어 천문학의 새로운 지평을 열었다.

망원경의 탄생으로 천문학자인 케플러(Johannes Kepler, 1571~1630)는 행성운동의 3가지 원리를 발견했다. 베이컨(Francis Bacon, 1561~1626 - 학문의 진보, 대개혁(6부작, 미완성))은 새로운 과학연구 방법론을 제시했다. 즉 실험 없는 추측을 몰아낸 경험론의 선구자이며 철학자였다. 1642년에 물리학자, 천문학자, 수학자이며 만유인력의 법칙을 발견하고 과학혁명을 완성시킨 뉴턴(Isaac Newton, 1642~1727)이 태어나 근대과학의 체계를 이루게 되었다. 호이겐스(Cristian Huygens, 1629~1695)는 수학자, 물리학자, 천문학자이며 1657년에 최초로 전자시계를 설계했다.(Naver) 15c~16c는 문학, 예술, 철학, 과학 분야에서만 획기적인 발달이 이루어진 것이 아니라 종교분야에서도 대변혁이 일어났다. 루터(Martin Luther, 1483~1546)는 종교 개혁을 성공적으로 이끌어 로마 카톨릭교회의 부패에 반기를 들고 성경을 통해 하나님과의 직접적인 접촉을 원하고 하나님의 구원을 설파했으며 라틴어로 되어 있던 성경을 독일어로 번역하여 대중화에 기여하여 모국어 확산에 일등공신이 되었다. 또 복음주의적인 프로테스탄트 교회의 개혁자로 개혁주의 신앙과 신학을 수립한 칼뱅(John Calvin, 1509~1564 - 기독교 강요)은 특수 계층의 종교를 일반화 시켰다.

영어는 위와 같이 이런 예술, 인문학, 자연 과학, 사회과학의 발달과 더불어 문장에서 문법적 관계(grammatical relations)를 나타내는 역할을 하는 기능어(functional words)가 나타난다.

영어의 분석적인 경향이 짙어짐에 따라 낱말, 구, 절 등의 상호 문법관계를 명확하게 나타내기 위해 관계대명사, 접속사 및 전치사 등이 등장하여 규모 있는 문장의 짜임새가 확립되었다. 그리고 이어서 조동사, 진행형이 나타났다.(조성식)

17c 과학의 시대를 거치면서 영어는 더욱 정교해지고 18c에 처음으로 문법책이 등장했다. Robert Lowth(1710~1787)는 문법학자로 수학처럼 정교한 구문론에 기초하여 1762년에 처음으로 Short Introduction to English Grammar를 출간했다. 1795년에는 Lindley Murray(1745~1826)가 그 유명한 English Grammar를 출간함과 더불어 수많은 문법학자들이 나타났다. 1755년에 유명한 Samuel Johnson(1709~1784)의 사전이 출간되고 언어학회(런던)가 사전 발간을 제안해 Oxford 출판부에서 「The New English Dictionary」가 1879년에 초판이 출판되고 10권이 완성된 것은 James Murray(1837~1915)가 편집책임을 지고 1928년에 마지막권이 출판되면서였다. 이 모든 과정은 무려 71년이 걸렸다. 13권 째 Supplement가 나오고 1985년에 마지막 4권으로 된 Supplement가 선보이면서 17권의 방대한 The Oxford English Dictionary가 완성되었다. 그 위대한 업적 뒤에는 6명의 편집장과 수많은 자원봉사자들이 있었다. 주요 감수자중 한사람인 Charles Talbut Onions(1873~1965)는 5형식의 제창자이기도 했다.

한편 미국에서는 Noah Webster(1785~1843)가 1806년에 「A Compendious Dictionary of The English Language」에 영국인이 만든 맞춤법 사전을 바탕으로 하면서 미국에서 만들어진 5000개의 새 단어를 추가로 수록했다. 1826년에는 2권의 「American Dictionary of The English Language」를 발간했다.(필립구든)

영어는 9c경에 체계가 잡히기 시작하면서 절대 권력인 중세를 거쳐 인간의 가치를 본질로 하는 Renaissance(문예부흥기)기를 지나 과학중심의 17c를 거치면서 인문학과 자연과학의 영향을 받으면서 성장하여 1000년이 넘어서야 비로소 문법책과 사전이 만들어지는 그야말로 장구한 세월에 걸쳐 문법체계가 다듬어진 언어다.

1000년이 넘게 논리로 만들어진 영어인 현대영어의 장점은
 ① 방대한 어휘
 ② 단출한 문장 구성력

③ 동사 가까이 있는 조동사
④ 형용사가 대체로 명사 앞에 오는 구조
⑤ 주어는 대체로 동사나 목적어 보다 앞에 오는 구조
⑥ 세계의 어떤 언어보다 간단한 문법구조
⑦ 문법적 성이 존재하지 않는다
⑧ 인칭대명사가 매우 간단하게 쓰인다
⑨ 동사나 형용사의 변화가 매우 간단해서 기억에 부담이 되지 않는다
⑩ 모음과 자음의 음가가 다른 언어에 비해 매우 간단하다.(조성식) 등이다.

그 외에도 자동사, 타동사가 고정된 어순을 가지고 있으며 전치사, 접속사 같은 기능어가 문장의 화려함을 돋보이게 한다. 이런 특징들이 영어가 매우 합리적이고 경제적이고 과학적인 언어임을 보여주고 있다.

부록 2

영어 학습에 도움이 되었던 교육이론들

교육심리학(Educational Psychology)은 교수-학습과정과 관련된 문제를 다루는 사회과학이다. 교육심리학을 전공한 필자에게는 여러 교육학이론들을 영어 학습에 적용시킬 때 실제로 많은 도움이 되었다. 그 중 몇 가지 예를 들어 설명하면

1. 피아제(Jean Piaget, 1896~1980) — 인지발달론

스위스의 심리학자인 피아제는 비네(Binet)연구소에서 아이들의 정답보다는 오답에 관심을 가지고 연구한 결과 동일 연령의 어린이들이 동일한 실수를 하는 것을 발견했다. 그 연구 결과를 바탕으로 수많은 실험을 통해 어린이들의 정신 발달 특히 논리적 사고 발달에 관한 연구를 통해 인간의 지능 발달 단계를 밝히는 인식론을 탄생시켰다.

그에 의하면 인간은 태어날 때 아주 엉성한 인지구조(shema-정보를 체계화하고 해석하는 인지적 개념)를 가지고 태어나 환경과의 상호작용을 통해 동화(assimilation)와 조절(accommodation)을 통해 평형화(equilibration)를 거쳐 적응(adaptation)을 이루어 가면서 점차 수 체계, 공간개념, 논리적 법칙 등 인지구조의 계속적인 질적 변화의 과정을 거친다는 것이다. 인지발달은 연령에 따라 4단계가 존재하며 단계마다 독특한 인지 양식이 존재하는데 이는 개인의 지능이나 사회 환경, 각 연령에 따라 개인차는 있으나 발달 순서는 바뀌지 않는다는 것이다. 발달 단계에 따라 독특한 인지 양식을 간단히 소개하면

◎ 0~2세 : 감각 운동기
- 유아는 태어나자마자 몇 가지 반사 작용으로 감각·동작으로 빨기, 잡기, 뻗치기 등의 행동 시작
- 반복반응에서 흥미·기쁨을 느낌·계속적 동작
- 물체로의 접근 및 인과관계 이해

- 반응을 수정하기 시작함
- 그러나 객관적 사실을 이해하지 못함
- 2세 가까이 대상연속성(object-permanence)이 생겨 의도적인 행동시작
  * 대상연속성 - 사물을 직접 체험하지 않아도 계속 존재한다는 것을 이해하고 가지고 놀던 공이 의자 밑으로 들어가 보이지 않아도 찾을 수 있다.

◎ 2~7세 : 전 조작기
- 언어 발달시작
- 논리보다는 직관적 사고
- 타인의 입장을 이해하지 못하는 자기중심적 사고
  * 이때 어린이는 '아니야'라고 부정하는 소리를 많이 하고 '내꺼야'라고 소유욕을 나타낸다.
- 비가역적 사고(동생은 있다고 하면서 동생에게 언니가 있다고는 생각 못함)
- 물활론적 사고를 함(움직이는 것은 살아 있다고 생각 함. 예: 시계, 태양)

◎ 7~11세 : 구체적 조작기
- 동작으로 이해했던 것을 머리로 이해하는 논리적 사고 발달
- 보존개념(대상이 모양을 바꿔도 양이 바뀌지 않는다는 개념) 수(6세), 양(7세), 무게(9세)의 순으로 발달
- 언어의 복잡화, 수에 대한 이해
- 가역적 사고 생김

◎ 11세~15세 : 형식적 조작기
- 이 단계에 이르면 가장 성숙한 인지적 조작 능력을 갖는다
- 추상적 사물에 대해서도 논리적 사고가 가능함
- 가설에 따라서 추리함
- 사물의 인과관계 이해함
- 문제해결에 가설을 적용해 연역적 사고와 귀납적 사고가 발달
- 추리력, 응용력, 진자의 문제와 길이의 관계 같은 비례관계이해
- 종합적 사고
- 이상주의가 강하게 발달함(이정모 외)

* 이 시기가 기하, 대수 같은 고등수학과 논리가 발달해 수학 같은 영어문법을 배우기에 적절한 시기이다.

위와 같이 피아제의 인지발달론은 인간의 지적 발달 순서를 이해하고 그에 맞는 적절한 교과를 학습하는 데 많은 도움이 된다.

2. 브루너(Jerome Bruner, 1915~2016) - 학문중심 교육과정의 발견학습

1957년 10월 4일에 구소련이 최초의 인공위성인 스푸트니크를 쏘아 올리는 데 성공을 했다. 이에 경악을 한 미국이 교육과정 개혁에 관심을 가졌던 34명의 학자들이 작은 도시 우즈홀에 모여 초·중등학교 과학교육을 중심으로 미국교육의 전반적인 문제점과 개선방안을 논의했다. 그 논의의 주된 내용이 과학의 여러 분야에서 제안된 교육과정과 교육방법을 검토하기도 하고 그와 관련된 주제인 교육과정과 개연성, 교구, 학습동기의 유발, 학습에 있어서의 인지적 과정 등에 관한 토의였다.

그 회의는 결국 1960년에 제기된 「학생들에게 무엇을 가르치며 무슨 목적으로 그것을 가르칠 것인가」라는 질문에 대한 반성이며 그것은 곧 교과의 의미와 교육방법이라는 교육과정의 한 가지 핵심적인 문제에 대한 결론을 도출하는 계기가 되었다. 브루너는 이 모든 논의에서 도출된 결론을 근거로 학문의 기저를 이루고 있는 기본개념, 일반원리, 아이디어인 지식의 구조(The structure of a subject)를 발견학습의 방법으로 가르치고 이를 난이도를 높이는 '나선형 교육과정'으로 조직할 것을 주장했다. 한 교과의 지식의 구조는 많지 않다는 것이다.

○ 지식의 구조가 중요한 이유
   ① 정보를 단순화 시키고
   ② 새로운 원리를 생성할 수 있는 능력을 길러주고
   ③ 지식을 조작 할 수 있는 가능성을 증대 시킬 수 있는 힘이 있다는 것이다.
○ 지식의 구조를 가르치는 장점
   ① 지식의 구조를 이해하면 교과를 쉽게 파악 할 수 있다.
   ② 개별적인 현상을 지식의 구조로 학습할 경우 기억하기 쉽다. 즉 일반적인 원리를 배운다는 것은 개개의 사실은 잊어도 그 내용을 다시 기억해 낼 수 있는 수단이 된다.

③ 기본적인 원리나 개념에 대한 이해는 일반적인 전이를 가능하게 한다. 한 가지 특수한 사실을 배웠다는 것은 앞으로 비슷한 사물에서 이해할 수 있는 진리를 배운다.

④ 초보지식과 고등지식 사이에 간격을 좁힐 수 있다는 것이다. 그래서 학습은 이해가 우선이고 다음이 암기를 해야 다른 사항으로 전이가 가능하다고 강조했다(이홍우 역)

브루너는 학습방법을 첫째 이해, 둘째 암기, 셋째 다른 사항으로 전이됨을 강조했다. 무조건의 암기보다는 이해가 우선해야 하고 영어의 지식의 구조는 문법이라고 판단했다.

3. 블룸(Benjamin S Bloom, 1913~1999) - 교육목표 분류학

미국의 교육심리학자인 블룸은 완전학습의 전략으로서 타일러(R.W. Tyler)의 교육과정 이론에 기초하여 「교육목표분류학」(1956)에서 학습의 결과로 기대되는 행동을 분류하여 제시했다. 인간을 지적영역, 정의적 영역, 신체적 영역으로 나누어 교육의 목표를 상세히 설명하고 있다. 여기서는 지적영역만 다루겠다.

블룸은 기존에 출제된 시험문항들을 분석하여 각 문항을 해결하는 데 지적능력을 6단계로 분류하고 단계마다 교육목표를 상세히 설명한다.

지(知)적 영역을 다음과 같이 단계별로 나누면,
① 단순지식 : 인지나 재생에 의하여 아이디어나 자료 또는 현상을 기억해 내는 행동
② 이해력 : 번역, 해석, 추측
③ 응용력 : 단순지식에서 고등지식으로의 응용
④ 분석력 : 요소의 분석, 관계의 분석, 조직 원리의 분석
⑤ 종합력 : 독창적 의사소통 방법의 고안, 계획이나 일련의 조작에 대한 고안, 추상적인 관계 도출
⑥ 평가력 : 내적인 증거에 의한 판단, 외적 준거에 의한 판단 등으로 분류하고 다음 단계로 넘어 갈수록 높은 수준의 고차원적인 지적능력에 해당한다고 여겼다.

블룸은 교육목표 분류학 중에서 지적영역의 각 하위 영역에서 활용할 수 있는 행동동사와 동사의 목적어, 즉 내용을 제시한 것이다. 블룸은 충분한 시간과 적절한 수업을 제공하

면 대부분의 학생들은 학습목표를 완전히 습득할 수 있다는 가정 하에 학습의 정도를 완전학습이라는 어떤 일정 수준으로 사전에 규정해 놓았다. 그리고 교수 과정을 적절히 조작함으로서 한 학급 거의 모든 학생(약 90~95%)이 설정된 완전학습의 수준까지 도달했음을 실험을 통해 보여 주었다.

블룸은 완전학습에 도달할 수 있는 구체적인 방법과 전략에 관해 5가지 요인을 제시했다.

① 적성 : 적성은 그 과제를 완전학습하는데 소요되는 시간으로 정의하고 수업전략의 기본적인 문제는 완전학습에 소요되는 시간을 단축시키는 것이다.
② 수업이해력 : 수업이해력을 증진시키는 방법으로 ㉠ 학습과 개개인의 수업이해력에 맞는 수업 ㉡ 수업이해력에 따른 집단의 구성을 강조했다.
③ 수업의 질 : 수업의 질을 높일 수 있는 최적의 방법은 학생의 적성, 선행학습정도, 학습 습관, 성격, 흥미, 동기, 학습 환경 등에 대한 모든 정보를 수집해야 한다.
④ 학습기회 : 학습에 단순히 투입된 시간의 양이 중요한 것이 아니라 그 시간을 얼마나 유효적절하게 활용했느냐가 더욱 중요하다.
⑤ 지구력 : 학생이 학습을 위하여 사용하기를 원하는 노력과 시간의 관계로 최소의 노력으로 최대의 효과를 가져 올 수 있는 방법을 탐색하여야 한다. 그 방법으로는 학생의 개인차에 맞게 학습 자료를 조절할 뿐만 아니라 학습자 특성에 맞는 개별지도의 형태, 원활한 feedback의 활용, 학습내용의 설명과 예시의 질을 개선할 것을 권한다. (박상호 등)

4. 에빙하우스(H.B. Ebbinghaus, 1850~1909)의 망각곡선

기억에 관한 최초의 과학적 연구는 에빙하우스에 의해 1885년에 이루어졌다. 그는 두 자음사이에 한 개의 모음이 삽입된 무의미 철자(예: pox, dak, gib, ..)를 사용하여 학습된 무의미 철자가 시간이 경과함에 따라 얼마나 망각되는가를 측정했다. 그는 이 같은 실험을 같은 조건하에 5년 반복 실시하여 그 유명한 망각곡선(curve of forgetting)을 제시했다. 망각은 시간의 경과에 따라 망각률이 높아졌는데 학습 후 20분후에 망각률은 42%(파지율 58%), 1시간 후에는 55%(파지율 45%), 9시간 후에는 65%(파지율 35%), 1일 후에는 66%(파지율 34%) 6일후에는 75%(파지율 25%), 1개월 후에는 79%(파지율 21%)로 망각했음을 보여준다.

〈망각곡선 도표〉

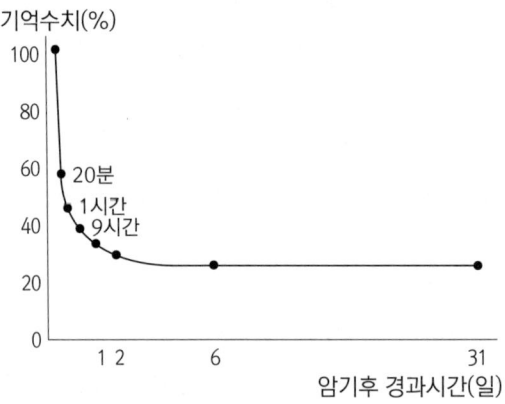

이 망각곡선은 학습방법에 중요한 시사를 하고 있다. 학습내용의 망각을 방지하기 위해서는 기억 직후 즉시 반복 연습하는 것이 매우 중요하다는 것을 지적해주고 있다. 반복 학습 없이는 1개월 후에는 21%밖에 기억할 수 없다는 것이다. (박상호 등)

5. 비힐러(R.F.Biehler)의 망각의 방지

망각이란 일단 기억한 학습이 시간의 경과, 사용하지 않는 등의 원인으로 인해 약화되고 드디어 소멸되어 다시 재생되지 않는 현상이다. 기억은 시간의 흐름에 따라 부정확해지거나 부분적으로 망각하게 된다. 망각의 원인 중 하나는 학습한 내용이 전체적인 윤곽이나 일반적인 의미만 기억에 남고 세부적인 부분은 차츰 퇴색하기 때문에 발생하는 것이다. 세부사항이 전체적인 구조나 일반적인 의미와 합치되는 방향으로 재구성되어 사실의 왜곡이 생긴다. 이미 학습한 내용 또는 정보를 망각하지 않고 지속시키기 위해 비힐러(R.F.Biehler)는 1978년에 과거의 기억이론과 망각이론에 근거하여 망각의 방지방법(발견적 학습지도법-heuristic)을 제시했다.

① 반복연습과 암송, 복습하기: 가능한 한 최초의 학습을 완전히 습득하고 예시나 질문 등으로 반복 연습기회를 자주 갖는다.
② 왜곡이나 재구성 방지를 위한 유의미 학습과 변별학습: 단순한 기계적 암기나 무의미한 반복은 피하여 유의미한 학습이 되게 하고 혼동을 억제하기 위해서는 상충되는 요인들을 각기 분리하여 각각의 요소들을 완전히 이해한다.

③ 즐겁고 유쾌한 학습장면을 구성함으로써 억압을 최소화 시킨다.
④ 간섭을 최소화하기 위하여 학습을 철저히 하고, 유목화할 수 있는 시간을 제공하며 집중적인 활동을 요하는 활동과, 비집중적인 활동을 요하는 활동을 교대로 실시한다.
⑤ 주요 내용에 주의 집중을 유도하기 위해 글자의 크기, 색, 모양 등을 독특하게 다양화 시킨다.
⑥ 새로이 학습된 내용을 완전하게하기 위해 의미성의 강조, 기억술활용, 주의 집중전략 등의 활용을 정보의 부호화와 인출에 도움이 되는 가능한 한도까지 이용한다. (강정구)

최초의 학습을 가능한 한 철저히 하고 유목화 하여 집중적으로 가르쳐 후행 학습의 왜곡을 방지하고 암기·예 들기·질문을 반복하여 망각을 방지할 것을 주장했다.

6. 번스타인(Basil Bernstein)- 정련된 언어와 제한된 언어

번스타인은 1967년 정련된 언어(elaborated code)를 사용하는 사람이 제한된 언어(restricted code)를 사용하는 사람보다 IQ가 30이상 높다고 지적했다.

○ 정교한 언어 : 중간 계급이 사용하는 문장구성이 복잡하고 문법과 문장의 규칙이 정확하고 수준 높은 상징체계이며 말의 뉘앙스와 의미차이에 민감한 분석적·추상적·형식적 어법

○ 제한된 언어 : 하류계층이 사용하는 단어 수가 제한되고 문장구성이 단순하고 문법과 문장규칙이 부정확한 언어로 낮은 상징체계로 이루어졌으며 비교적 간결하고 구체적이고 서술적·대중적 어법

7. 칼빈(W.H. Calvin)

워싱턴대 이론생리학자인 칼빈은 인간이 지적 발달을 이루게 된 원인은 구문론과 문법규칙을 사용했기 때문이라는 것이다. 번스타인이나 칼빈 모두 문법의 우수함을 인정하고 있다.

8. 밀러(G.A. Miller)

밀러는 1956년에 우리가 순간적으로 사물을 파악하는 단기기억 저장 용량의 범위를 무작위한 숫자 7 ± 2 라고 밝히고 이를 magic number라 했다. 우리가 전화번호나 자동차

번호 등 의미 없는 숫자를 7개 이내에서는 한 번 보고도 기억할 수 있는 경우가 이 이론의 실제 보기가 될 수 있다. 뿐만 아니라 밀러는 이미 알고 있는 지식을 이용하여 기억 대상이 되는 자극이나 정보를 의미 있게 연결시키거나 묶을 수 있다고 주장한다. 이를 청킹(chunking)이라 한다. 물리적 단위(낱자·음절·단어)의 수를 magic number로 묶는 청킹 덕분에 단기기억 용량이 제한적임에도 많은 정보를 의식하여 다룰 수 있다는 것이다.

이를 영어에 적용하면 문장에서 동사를 중심으로 하면 동사 앞으로 7개의 단어, 동사 뒤로 적어도 7개의 단어를 동시에 파악 할 수 있어 경제적이다.

예)
Richard Milhous Nixon / former president/ of the United
(누가)
States / wrote a book / about his career / in the White House.
　　　(~를 하다)　　　(무엇을)　　　　　(어디서)
* 19개 단어를 6개의 의미 단위로 묶었다.
(리차드 밀하스 닉슨 / 미국의 / 전 대통령은 / 백악관에서 / 그에 생애에 관한 / 책을 썼다.)
* 구문론에서 메시지의 의미와 일치하는 의미론과 연결되면 청킹의 힘이 3~4배가 증가한다.

9. 분트(Whilhelm Maximilian Wundt, 1832~1920)

분트는 독일의 철학자·심리학자·생리학자로 '근대 심리학의 아버지'로 불린다. 그는 1879년에 처음으로 라이프치히 대학에 심리학 실험실을 설치하고 과학으로서의 심리학을 태동시켰다. 심리학을 측정 가능한 형태로 정의와 정확한 통계를 통한 과학적 연구방법을 태동시켰다. 연구영역은 ① 정신과정의 속도 측정 ② 시간에 대한 감각 ③ 감각에 대한 분석 ④ 주의, 기억, 사고의 연합이었다.

분트는 우리가 사물을 인지하는 의식 과정을 요소·항목(element)이 모여 개념(compound)이 되고 개념이 여러 개 모여 원리(complex)가 되는 것으로 이해했다.

elements → compounds → complex 로 도식화했다.

항목 · 요소 개념 원리

항목 · 요소(elements)들이 모여 개념(compound)을 거치고 개념(compound)들이 모여 원리(complex)로 이행되는 사고방식이 귀납적 사고로 과학이나 수학을 구체적으로 적용시키는 서구적 사고이며, 그 반대로 원리(complex)에서 요소 · 항목(element)으로 이행되는 사고는 연역적 사고로 철학적이며 동양적 사고이다.

우리가 연역적 사고 능력이 뛰어난 반면에 귀납적 사고에 다소 약하다면 영어문법의 귀납적 특성들에 더욱 더 철저히 익숙해야 한다. 의식 과정의 가장 기초 단계인 항목 · 요소(element)를 단순 암기해서는 효과를 거둘 수 없고 간단하고 단순한 항목들의 차이점과 공통점으로 묶어 보다 큰 집합적 개념으로 이어지고 마찬가지로 여러 집합적 개념들의 차이점과 공통점으로 묶어 원리에 이르도록 하는 것이 교육에서 효과를 거둔다.

인간의 사고 방법은 귀납적 사고와 연역적 사고 둘 중 하나에 치우치는 경향이 있다.

Epilogue :

　영문법이 어려운 이유 중 하나는 영문법을 전체적 맥락에서 공부하지 않고 단편적으로 이해하고 암기하기 때문이다. 문법책은 보통 18장 내지 20장으로 '동사의 종류, 시제, 부정사, 동명사, 분사, 조동사, 태, 법, 명사, 대명사' 등으로 이루어져 있다. 각 장의 설명은 이론적 학문을 바탕으로 해서 논리적 구조가 분명하지만 독립적으로 설명되어 있다. 각 장의 성격을 개별적으로, 거시적으로는 이해하고 있으나 상관적 성격이나 통합적이면서 차별적 특성을 이해하는 데는 어려움을 겪는다. 즉 18장의 문법이 하나가 되어 전·후·좌·우로 전체적이면서 미시적으로 연관되어 있다는 사실을 이해하지 못한다. 예를 들면 직접의문문과 간접의문문 간의 차이점을 이해하기 어려워한다.

　처음 중학교에서 영문법을 접하는 학생들이 혼란스러워 하는 정도는 우리의 상상을 초월한다. 3인칭 단수 동사의 현재형에는 ~(e)s를 붙인다고 하면, I have many books. 에서 books가 동사냐고 묻는 학생도 있다. be동사는 원형이고 am, are, is, was, were, been의 변화를 어떻게 이해할까? 질문하지 않고 수동적인 수업을 받는 학생의 머릿속에는 무엇이 남아 있을까? 시험을 위해 무조건 암기로 해결 될 수 있을까?

　무조건 암기하는 방법으로 공부하는 것에 대해 H. Ebbinghaus(1855~1909)가 16년간이나 기억에 관해 연구한 결과 복습을 하지 않을 경우 20분이 지나면 기억률이 58%, 1시간 지나면 44%, 9시간 지나면 36%, 6일이 지나면 25%, 31일이 지나면 21.1%만 남는다는 유명한 이론을 발표했다. 학년이 올라 갈수록 학습량은 점점 많아지고 어려워지는데 끊임없이 많아지는 학습량을 어찌 수시로 복습 할 것인지?

　한 가지 대안은 J. S. Bruner(1915~2016)가 1960년대 미국의 과학교육 수준이 구소련에 밀렸을 때 (소련이 인공위성(Sputnik) 쏘아 올리는 것을 미국 보다 먼저 성공했다) The process of Education(교육의 과정)에서 각 교과는 독특한 '지식의 구조'를 가지고 있는데 이를 '발견학습'의 방법으로 '나선형 교육과정'(복습의 형태)으로 가르칠 것을 발표했다. 이를 계기로 미국은 암기식교육에서 이해중심교육으로 교육이 획기적으로 변화를 일으킨다. 수동적 교육방법에서 적극적 수업참여로 변화가 이루어진 것이다.

지식의 구조는 그 학문의 기저를 이루고 있는 기본 개념, 일반원리, 아이디어 등이며 이 지식의 구조는 정보를 단순화하고 새로운 원리를 생성할 수 있는 능력을 길러주고 지식을 조작 할 수 있는 가능성을 증대 시킬 수 있는 힘을 갖고 있다는 것이다.

지식의 구조를 가르치는 장점은,
① 지식의 구조를 이해하면 그 교과를 쉽게 파악할 수 있다.
② 개별적인 현상을 지식의 구조로 학습할 경우 기억하기 쉽다.
③ 기본적인 원리나 개념에 대한 이해는 일반적인 전이를 가능하게 한다.
④ 초보적인 기초지식 이해는 고등지식 이해를 쉽게 해준다.

따라서 암기보다는 기본개념의 이해가 우선해야 암기가 용이해 지고 새로운 지식을 조작 할 수 있는 능력이 생긴다는 것이다. 영어에서 지식의 구조는 영문법이다. 그러면 그 어렵다는 영문법을 어떻게 쉽게 배울 수 있을까? 우리에게 하나의 시사점을 준 학자는 G. Miller이다.

G. Miller는 1957년에 우리가 사물을 순간적으로 파악하는 단기기억 저장용량의 범위를 무작위 숫자 7±2(=magic number)라고 밝히고 우리가 이미 알고 있는 지식의 7±2로 묶어 낼 수 있으며 이를 chunk라 했다. 즉 자극의 물리적 단위(낱자·음절·단위)의 수를 의미 있게 묶을 수 있다는 것이다. 이 책은 영문법을 chunk 단위로 묶어 의미 있게 특히 동사를 핵심으로 해 전체적으로 설명하려 했다.

예를 들면,
Getting out of the office / and mixing with employees / is a simple solution / to a very common trust problem. (사무실 밖에서 직원들과 어울리는 것이 아주 흔히 있는 신뢰 문제에 대한 간단한 해결책이다.)

Despite the fact / that the meals / are identical, / economists say, / people nearly always / eat the one / for which they paid full price. (그 식사들이 똑같다는 사실에도 불구하고, 사람들은 거의 항상 제 값을 다 지불한 것을 먹는다고 경제학자들은 말한다.)

* 길고 복잡한 문장이라도 동사를 찾으면 앞에 있는 긴 주어와 동사 뒤의 구문이 한 눈에 들어온다. 그것도 접속사, 전치사, 관계사를 중심으로 단어가 7±2 이상으로 이어지는 일은 거의 없어 독해는 쉬워진다.

* 이 chunk에 대해 재미있는 사실은 우리 일상생활에서도 흔히 보인다. 자동차 번호 가나5-1234(7개 숫자를 두 단위로), 휴대폰 번호 010-1234-1234(11개 숫자를 3단위로), 주민번호 123456-1234567(13개 숫자를 2 단위로) 묶으면 우리는 아무도 무의미한 숫자를 암기하는 데 어려움을 겪지 않는다.

저자는 이런 학습이론들을 중심으로 언어의 틀인 문법을 암기에서 벗어나 실제 상황에서 어려움이 있는 문제를 중심으로 기본개념을 공통점과 차이점을 학습하면 훨씬 쉽고 즐겁게 공부할 수 있는 것이라는 생각에서 구조와 기능에서 공통점과 차이점을 설명하려 했다.

우리는 지금 4차 산업, 5G(generation) 시대, AI(artificial intelligence)란 용어가 하루가 멀다고 쏟아져 나와도 하나도 낯설지 않은 시대에 살고 있다. Alphago가 160만 건의 정보로 무장하고 이세돌 구단을 가볍게 이겨 세상을 놀라게 한 것도 벌써 옛날이야기가 되고 이제는 AI가 인간보다 뛰어난 기억력은 물론 사고·학습·모방·자기계발을 하고 대화까지 가능하게 되었다.

이제는 영어를 무작정 암기하기보다는 1000여 년 동안 논리성을 중심으로 발달해온 그 장점을 과학적이고 수렴적으로 학습하면 어떨까 싶어 한 가지 공부법을 썼다. 예문은 처음 접하는 학생들에게 친근감을 주고 영어가 어려운 언어가 아니라는 것을 보여주고, 충분히 알고 있는 성인들에게는 영문법이 암기용 단편지식이 아닌 문화의 산물로 이해하도록 쉬운 것을 선택했다.

〈부록〉에는 동사활용과 영어를 이해하는 데 도움이 되도록 영어발달과정과 현대영어의 특징을 적었고 저자는 늘 감탄하고 있는 교육학이론을 몇 가지 추가했다.

〈참고문헌〉

o A.S.Hornby(1980) GUIDE TO PATTERNS AND USAGE IN ENGLISH 2nd Edition, Oxford University Press

o Ann Raimes(2004) Grammar Troubles pots a Guide For Student Writers 3rd Edition, Cambridge University Press

o Anne Seaton & Howard Sargeant(2003) What You need to Know about PREPOSITIONS

o B.Bernstein : Elaborated and restricted codes; Their social origins and some consequences. In! Grumper 2 JJ. Hymes D(eds.) 1967.

The Ethnography of Communication, American Anthropological Association, Menasha, Wisconsin

o B.S.Bloom(ed.)(1956) Taxonomy of Educational objectives; The classification of Educational Goals, Handbook: Cognitive Domain, Longmans, Green New York

o B.S.Bloom(1976) Human Characteristics and School Learning. McGraw-Hill, New York

o BartleTT.F.C.(1932) Remembering: A study in experimental and psychology. New York: Macmillan

o COLLINS COBUILD(1996) ENGLISH GUIDES 1. PREPOSITIONS, Harper Collins Publishers

o G.A. Miller(1956) The magical number seven, plus or minus two: some limits on our capacity for processing information. Phsychol. Rev.63; 81~97

o Germet. J(1994) Space and Time: Science and Religion in the Encounter between China and Europe, Chinese Science

o Gernet. J(1994) Space and Time: Science and Religion in the Encounter in the Seventeenth century, Chinese Science

o J. Piaget(1952) The origins of Intelligence in Children N.Y.: International University Press

- J.S Bruner(1960) The process of Education. Cambridge; Havard University Press 이홍우 역(1973) 브루너의 교육과정, 서울, 배영사

- J.S. Bruner(1971) The process of Educataion Reconsidered, R.R.leeper(ed.) Dare to care / Dare to Act, 1971 ASCD

  Annual Conference Report. 이홍우 역(1973), 교육의 과정 재음미. 브루너 교육이 과정, 서올, 배영사

- Jean Yates(1999) The INs and OUTs of Prepositions A Guidebook for ESL Studnts. BARRONS

- LONGMAN Dictionary of Comtemporary English THE LIVING DICTIONARY (2005) (Forth edition) 롱맨현대영영사전(두산동아(주) 팬컴)

- MARVIN TERBAN(2002) Verbs, Verbs, Verbs(The Trickiest Action-Pakced Words in English), SCHOLASTIC

- Peter Drucker(2004) 드러커의 100년의 철학, 청람출판

- R.F. Biehler(1978) Psychology Applied to Teaching. 3rd edn. houghton Mifflin. Boston. Massachusetts

- Raymond Muvphy & William R.Smalzer(2009) Grammar in use intermidiate, Cambridge university press

- Seth Lindstormberg(1998) ENGLISH PREPOSITIONS EXPLAINED

- Tom Cole(2006) The PREPOSITION BOOK, The University Of MICHIGAN Press

- Wilson C.(1994) 시간의 발견, 한양대학교 출판부(권오천, 박대의 옮김)